JN036001

講談社選書メチエ

744

西洋音楽の正体

調と和声の不思議を探る

伊藤友計

目　次

はじめに——音楽の複数性について

　本書はふだんわれわれが何気なく接している音楽の正体に迫ろうとする試みである。この試みにおいて特に本書では“西洋音楽”に範囲を限定するが、“西洋音楽”を語るうえでの大前提についてまず言及しておきたい。

　音楽の本題に入る前に、唐突だが、英語学習の初歩の話に触れてみたい。小学校などで英語の初期教育も始まったが、われわれの多くは中学入学時からアルファベットを覚え始め、I have a pen などのごく単純な単語や文法の習得に入ったことと思う。こうした簡単な文を書く際にも、英語という言語における名詞のあり方に着目し、数えられる名詞と数えられない名詞があることに必ず注意を促される。pen やbook などが数えられるのに対し、water や money は英語においては数えられない名詞として分類される。こうした不可算名詞には不定冠詞の a や複数形の s を用いてはならない、と誰もが教わったはずである。water が数えられないのはなんとなく分かるとして、money が数えられないってどういうこと？　といった子供じみた、しかしそれゆえにごく真っ当な疑問も、毎日毎日繰り返される英語の授業の反復の中、いつしか“money は不可算”が当たり前となり、金額を聞く際にはHow many？ ではなく、How much？ と言うことに何の疑問も抱かず、当然のこととして受け止めて大人になる。

　筆者もこうした教育を受けて育った一人だが、遅まきながら音楽学を志し、さまざまな専門的な文献に挑戦する中で次のような英文に出会ったときの驚きを今でもよく覚えている。まずそれらの問題となる英文を先に確認してみよう。

　民族音楽学という分野は20世紀の後半に、主に文化人類学の影響のもと定位し発展してきた学問分野とされるが、その民族音楽学における基礎文献に位置づけられる著作にブルーノ・ネトル（Nettl, Bruno. 1930–2020）の *The Study of Ethnomusicology* がある。この本は

1983年に初版が出て以降、その重要性ゆえに次々に版を重ね、章数も増やされるなどの増補改変が加えられてきたものであるが、今著者の手元にあるのは2005年版のペーパーバックである。この著作の中でネトルはWorld music／世界音楽やComparative musicology／比較音楽学といった用語を参照しながらほかならぬEthnomusicology／民族音楽学という学問分野の定義を試みているが、例えばその定義づけの一つに以下のような文言がある。

　　民族音楽学とは比較に基づいた相対主義的観点からなされる世界の諸音楽の学問である。〈Ethnomusicology is the study of the world's <u>musics</u> from a comparative and relativistic perspective.〉（Nettl：13）

　次に、同じく民族音楽学の領域から出てきた研究だが、テーマ的には日本音楽に特化した著作の冒頭を見てみよう。2004年出版のボニー・C・ウェイド（Wade, Bonnie C. 1941-　）著 *Music in Japan* はオックスフォード大学出版で企画された "Global Music Series" の一環（他にも世界各地の音楽が個々の著作で扱われている）として出版された一冊であり、雅楽から現代音楽までにいたる日本音楽について学術的な知見を交えた網羅的な紹介を目的とした好著である。冒頭の「はしがき」で著者ウェイドは近年の "World music" への関心の高まりを受け、従来の研究様式やフォーマットが時代遅れになったことを認め、「変化のときが来たのだ」と指摘する。そして後続する段落で以下のように続ける。

　　この "Global Music Series" は新たなパラダイムを提供する。教師たちはいまや自分自身の授業をデザインすることができるのだ。つまり一連のケース・スタディーの全体から選択を行うことによって、自分がどの、そしていくつの音楽を網羅するのか〈which and <u>how many musics</u> they will cover〉を決定することができるのだ。（Wade：xi）

ここでも複数形のmusicsが堂々と使われているが、現時点でも日本の学校教育の現場で生徒がHow many musicsと書いてしまえば減点は必至であろう。しかしこの"Global Music Series"においては、このシリーズの目的から察せられることと思うが、当たり前のように複数形のmusicsが使用されている。世界全体を見渡したうえでの音楽の考察において民族音楽学が果たした役割は極めて大きく、音楽学全体に対する民族音楽学の影響はもはや疑うまでもない。

　さて、以下では西洋音楽研究の内部においてさえも複数形のmusicsが登場してきていることも踏まえておこう。*Feminine Endings*（邦訳『フェミニン・エンディング——音楽・ジェンダー・セクシュアリティ』）で知られるスーザン・マクレアリ（McClary, Susan. 1946-　）は、もともと17世紀の西洋音楽を専門とし、この分野での重要な論考を発表しているが、彼女の業績の中から2007年に刊行された論文集 *Towards Tonality : Aspects of Baroque Music Theory* の中の "Towards a History of Harmonic Tonality" という論文をのぞいてみよう。この点は本書でも主題系として扱いたいと思っているが、マクレアリは現在において tonality ／調性というものが当たり前の存在として受け入れられていることをとりあえずは認めたうえで、次のように述べている。

　　　16世紀と17世紀は諸音楽を生み出し〈The sixteenth and seventeenth centuries yielded musics〉、それらの音楽は洗練度において後のレパートリーに引けを取るものではおそらくないのだが、しかしそれら後のレパートリーを凌駕しているということは決してない。（McClary：93）

　本書でも次章以降でモンテヴェルディを扱うときに詳しく見たいと思っているが、16世紀から17世紀にかけては西洋音楽内部で大きな、そしてさまざまな変革が生じてきたことが確認されており、特に、大雑把に言って1600年以前と以後の音楽には相当の違いが見受けられる。したがって、それらの音楽をもはや同一視できないという意識

が、上述の下線部のようなmusicsの使用例の根底にある。

　musicsの用例はほかにも挙げようと思えばいくらでも挙げられる。しかし実例はこのぐらいにして、これらをまとめて考えてみよう。筆者自身も当然musicsを目の当たりにしたときにはハッとさせられたし、目を疑った。それは"musicは不可算名詞だったはず"という英語教育による刷り込みが筆者の頭の中にも強く根を張っていたからにほかならない。また現在でも多くの英和辞典では、musicはほとんどのケースで[U]、つまりuncountable不可算名詞の扱いとなっているはずだ（この原稿を書いているワードプロセッサーでもmusicsと綴れば赤線が表示されて誤記ではないかと示唆される）。ただしこれは辞書に現状が反映されていないだけの話であって、こうした記述が過去のものとなるときはもうすぐやってくるのだ。むしろ少なくとも音楽学内部ではmusicsを使用することの方がもはやスタンダードになったと言ってよい。

　ともあれ、現状において上記のようなmusicsの複数形のsが数々の文献の中に登場するのを見逃していたのであれば、それは読み手としての注意力不足を非難されるべき事態であったろう。そしてまた同時に、こうした複数形のmusicsのsが訴えかけてくることは痛いほど受け止めたつもりである。それはつまり、せっかく英語の例に触れたので言語のことを引き合いに出すが、世界中にはそれこそさまざまな言語が存在し、それらが英語ではlanguagesと複数形で表されることにむしろ疑念を感じる人はいないだろう。この複数形のsはそれぞれの言語を個別に独立した存在として見なす認識が反映されたものである。地球上に存在する、言葉を用いた人間のコミュニケーション・ツールとしては同じなのだからと言ってlanguageを一つの総体として扱い、a kind of languageやkinds of languageと言うことはない。こうした事情は、実は音楽にも同じように当てはまるはずではないのか。

　冷静に世界の音楽のあり方を見渡してみれば、世界各地に散在する多種多様な音楽を一つの総体的で不可算のものmusicとして見なすことの方が認識として無理がある。おそらくは世界中のすべての言語を見聞きすることは一人の人生においては難しいのと同じように、世界

中のすべての音楽（数え方にもよるが、一体いくつ数え上げることができるのか？）を耳にすることもあまり現実味はないかもしれない。しかし特にインターネットなどによる情報拡散が著しくなった今日、さまざまな音楽を耳にし、それらの間にある類似と同時に差異に気づくのは少しも困難ではなくなっているはずである。

　あるいは、われわれに身近なところから例を取れば、江戸時代以前の長い歴史における日本の音楽のあり方と、西洋文化に触れた明治時代以後の日本の音楽のあり方を思い浮かべてみて、それらをみな完全に同一視して不可算名詞のJapanese musicとくくってしまうことにどれだけの正当性があるのかを少し考えてみるだけでもいい。日本語や英語、そしてその他の数多くの世界の言語を個々独立したものと見なす複数のlanguagesの用法がこれほどまでに当たり前になっているのに、それではどうして"音楽"がmusicsとして扱われないなんてことがあるだろうか。

　以上は世界全体を背景として異なる地域や文化圏の音楽の様相を考えた場合だが、事態はここに留まらない。スーザン・マクレアリの例で見た通り、西洋という限られた文化圏においてもその内部の音楽のあり方を複数形のmusicsとして捉える見方はもはや現実の論文や書物の中で多数表明されてきている。つまり、古代ギリシャから現代まで2000年以上にも及ぶ西洋の歴史の中で音楽の姿は極めて変化に富んでいて目もくらむような状態なのに、それを不可算のmusicに担わせるのはどう考えても実情に即していない。世界音楽という範疇でも、そして西洋音楽という枠内でも、音楽を細分化し個別の独立した存在として見なす認識がmusicsという複数形で表象されるようになってすでに数十年の時が経っているという事実をわれわれはまず直視するべきなのだ。

　本書の以下に続くのは、もとはヨーロッパという地球の一角を発祥の地とし、そして今や日本を含む世界の多くの地域を圧倒的な影響下に置くことになった、西洋音楽についての話である。

本書の構成

　前半3章では西洋音楽のごく基本的な基礎構造を捉えることを目的とする。その際にさまざまな視角から本書内で参照されるのがモンテヴェルディ（Monteverdi, Claudio. 1567-1643）の《つれないアマリッリ》という楽曲の冒頭部分である。この譜例はこの「はじめに」の後に現代譜で掲載してある（14頁）。この箇所は西洋音楽史の中でも最重要の論争の的となった部分なのであるが、可能であれば前もって譜例を参照しながら一度耳にされると、前半の論旨を追う助けとなるであろう。

　まず第1章では他でもないモンテヴェルディに焦点を当てる。西洋音楽理論研究においては、まさにこのモンテヴェルディこそがわれわれが現在親しんでいる"音楽"の形の総仕上げを成したという見立てが、もうすでに長いことなされてきた。その内実を知るために《つれないアマリッリ》を引き合いに出しながら、この曲がもととなった論争に着目する。モンテヴェルディの革新性を理解するために、他方の対立軸としてアルトゥージ、パレストリーナ、ザルリーノ等を参照して、モンテヴェルディの新しさがいかなるものだったのかを確認する。

　第1章の考察に基づいて第2章では現在の西洋音楽の流れの素地あるいは規範とされている「カデンツ」という構造を取り扱う。このカデンツには"音楽の文法"ともいうべき規則性が働いており、この規則性が西洋音楽に確固とした予定調和の世界を担保していることを確認する。音楽の専門知識が必ずしもなくても、言語、特に英文法の初歩知識を参照・援用して類推できるようにし、西洋音楽の内部がどのような仕組みになっているのかの説明に腐心した。

　第3章ではさらに焦点を集中させ、"半音"と"三全音"という音程がいかに西洋音楽において枢要な役割を果たしているかに着目する。西洋音楽は音を体系化・組織化して"音楽"を作ろうとしたわけだが、そのためにはその基盤となる諸音の配列／音列を設定する必要があった。その長い歴史の中で西洋音楽はその音列の中のどこに、その音列に彩りを与える"塩"ともいえる"半音"を置くべきなのかに

多大な知力を労してきた。そして"三全音"（3つの全音から成る音程幅）は極めて緊張感を強いる音程であると認識されていたことから"音楽の悪魔"として忌み嫌われてきたものであったが、その後音楽のフレージングの締めくくりの際に必須の音程と認識されるにいたり、西洋音楽の形式において欠かせない存在となった。多少内容的には深くなるが、西洋音楽の存在理解のために重要な点である。

　後半3章ではここまでの論旨を俯瞰的に捉えなおし、"調・調性・和声"というものがどのように捉えられてきたのかを、歴史を概観し、専門的知見も多少含めながら極力分かりやすく提示することを心がけた。これらの3つの用語は特に意識されなければその使用には問題ない反面、それゆえにこそ意味の混同や曖昧さが目立つ。この3章で提示されるのはあくまでも歴史的概観と整理であって、絶対的な定義や正統性を主張するものでは決してないが、一度これらの用語を整理し、峻別しながら把握しなおすことは西洋音楽への理解をまた新たに深めることにつながるに違いない。そして終章で、われわれにとってこれほどまでに身近で、これほどまでに馴染みの西洋音楽が"自然"なものなのかどうかについて考えてみる。

Cruda Amarilli

譜例① 《つれないアマリッリ》 冒頭のフレーズ

凡　例

・本書の内容上さまざまな譜例を掲載しているが、それらのほとんどは現
　代譜に書き改められている。
・西洋音楽の音階の音名は時代的に差異があるが、現代の音名との対照は
　以下のとおりである。

Ut	Re	Mi	Fa	Sol	La	Si
ウト／ド	レ	ミ	ファ	ソ	ラ	シ

・本書で用いられる著作の略示などは以下の通り。

　NG…*The New Grove Dictionary of Music and Musicians,* 20 vols., edited
　　　　by Stanley Sadie, London: Macmillan 1980.

　NG2…*The New Grove Dictionary of Music and Musicians*, 29 vols., 2nd
　　　　ed., edited by Stanley Sadie; executive editor, John Tyrrell,
　　　　London: Macmillan, 2001.

　SR…Strunk, Oliver. *Source Reading in Music History*. New York: Norton.
　　　　1950

　SSR…Treitler, Leo（ed.）*Strunk's Source Readings in Music History*.
　　　　revised ed., edited by Leo Treitler W. W. Norton & Company, 1998.

　TT…*Towards Tonality. Aspects of Baroque Music Theory*. edited by Peter
　　　　Dejans. Leuven Univ. Press. 2007.

　WMT…Christensen, Thomas（ed.）*The Cambridge History of Western
　　　　Music Theory*. edited by Thomas Christensen. Cambridge Univ.
　　　　Press. 2002.

　『ニューグローヴ』…『ニューグローヴ世界音楽大事典』全23巻、講
　　　　談社、1993〜95。

・巻が複数にわたるものは著者名や上記の略称の次にローマ数字で巻数を
　示し、次に頁数をアラビア数字で示す。
・欧文からの翻訳は断りがないものは本書の筆者による。本書内の下線、
　傍点等の強調は、断りがない限り本書の筆者によるものである。
・本書で用いられる略記は以下のとおり。
　Cf.…参照　　*ibid.*…同掲書、同頁　　*op.cit.*…同掲書

音楽のかたちについて

第1章　モンテヴェルディ、1600年前後の音楽

（1）モンテヴェルディが敢行した禁則の一音

「西洋音楽史において、もっとも重要な作曲家は誰か？」。いろいろと厄介な問いである。作曲家の業績を客観的に測る基準のようなものはありえないし、そもそも比較すること自体批判にさらされてしかるべきである。しかしその反面、こうした設問は単純明快で分かりやすく、気のおけない人間関係内で雑談程度に"自分にとっての"重要芸術家を一人だけ挙げてみる等のことは実際多くの人に経験があるのではないだろうか。したがってこの問いに対する回答は当然複数あるだろうし、ここで絶対的ナンバーワンを決定する意図はまったくない。

　以上を踏まえたうえで、以下では一つの試みとして16世紀末から17世紀初頭に活躍したクラウディオ・モンテヴェルディをもっとも重要な作曲家として挙げてみたい。一昔前であれば「バッハ以前」の音楽は顧みられることもないと嘆かれていたものだが、しばらく前からのいわゆる"古楽ブーム"はもはやブームではないように見受けられるし、音楽の聴取対象の射程が広がってきていることは歓迎すべき方向性である。しかしそれでも、1600年頃に活躍したモンテヴェルディの名前を挙げるのには意外な感が強いかもしれない。

　だがこれは奇をてらった選択ではまったくなく、現代のわれわれが享受している音楽からさかのぼって考えるときに、モンテヴェルディが敢行した一つの"掟破り"こそが現在のわれわれの音楽の形式を最終的に仕上げたものだからである。

　音楽の作曲面・理論面に踏み込んだことがある方であれば「属七の和音」という名称を聞いたことがあるはずである。あるいはジャズやポップスの世界では同じ和音は「ドミナント・セブンス」と呼ばれて

いる（ハ調・C–dur/c–moll の曲であれば、G_7〔ジー・セブンス〕がこの和音に相当する）。この和音はわれわれが親しんでいるほとんどの楽曲で、フレーズが終了する直前の節目節目で極めて頻繁に使われるものであるため、どうしてこの和音ばかりが何度も何度も登場するのかとある意味不思議な感を抱いたとしても、それはむしろ当然の感覚と言える。モンテヴェルディ自身は「和音」や「属七」といった用語をまったく使ってはいないが、この「属七の和音／ドミナント・セブンス」の特別な扱いを可能にしたのが、実は今から400年前のモンテヴェルディであった。

　過去の事例に「たら・れば」の仮定の話は禁物だが、モンテヴェルディがこの果敢な一手を打ち出していなかったら、現在あるような音楽文化はありえなかった、あるいは別物であったろう。およそあらゆる歴史的考察は現代の視点からなされることから逃れられない以上、21世紀の初頭の今でも、モンテヴェルディのこの一手に注目する価値は十分ある。

（2）モンテヴェルディの業績

　クレモナに生を受けたモンテヴェルディはその70余年の人生において多数のマドリガーレ、宗教音楽、オペラ等で重要な楽曲を残した。確かに現在ではバッハ以降の名だたる作曲家の陰に隠れている感はあるが、しかし特に有名な《聖母マリアの晩課 Vespro della Beata Vergine》や、本書でもこの後言及するオペラ《オルフェオ》の中の〈君が死んでしまったのに Tu se' morta〉などは掛け値なしに名曲の部類に入るだろう。これから見るようにモンテヴェルディは16世紀と17世紀という時代の狭間にあって、伝統の只中にありながらそこで革新的な様式を打ち出し、その方向性がその後現在に至るまで効力を発揮することになった。またこれも以下で見るように、モンテヴェルディは作曲に際して人間の"情感・情念 affect"を重要視したわけだが、それが後の情念論 affektenlehre の出現につながることになった点も看過できない（アフェクトについては本書第4章で扱う）。

さてモンテヴェルディの業績に親しむために、彼の名ともっとも深く結びついているであろうオペラ《オルフェオ》に注目してみよう。この作品はオペラというジャンルの創成期における代表作の一つであり、現代ではDVDなどの映像資料で簡便に鑑賞できるようになった。特に序曲はこの《オルフェオ》の始まりを告げるのみならず、1600年頃を皮切りとするバロック音楽全体の記念すべき到来の象徴としても言及されることがしばしばであり、トランペットとドラムが奏でる華々しいファンファーレ調の音楽でこの作品の幕は切って落とされる。

　しかしその後の話の内容としては、冒頭の婚約の場面を除いては、一様に暗い色調であり、"冥府下り"が主な筋となっている。主人公オルフェオはフィアンセであるエウリディーチェとの結婚を目前にして幸せの絶頂にあったが、しかしその彼女が蛇に噛まれて死んでしまう。どうしてもあきらめきれないオルフェオは自らの音楽の才を用いて冥府の神に感銘を与えることで特例を得ることに成功し、自ら冥府へと下ってエウリディーチェを取り戻す許可を取り付ける。しかし、唯一の条件である「地上に戻るまでエウリディーチェの顔を見てはならない」という約束を守ることができず、フィアンセを連れ戻すことに失敗し、一人地上に戻るしかないオルフェオはただただ悲嘆にくれるばかりである……。

　古楽復興運動を牽引したアーノンクール（Harnoncourt, Nikolaus. 1929–2016）指揮の上演を見てみると、全体的に情感たっぷりの演出で、歌手や役者たちが日常生活では考えられないほどのオーバー・リアクションをこれでもかと繰り返すことで劇が進行していく。これにはもちろん根拠があり、ほかでもないモンテヴェルディが音楽と情感 affect の関係性を極めて重要視していたことは西洋音楽史において重要な契機であったことが指摘されるべきである。

　音楽が感情／情感と結びつくというのは現代のわれわれにとってはごく自然で当たり前のことであろう。人が曲を書いたり、歌を歌ったり、楽器を演奏したりするのは、われわれの内面にある思いや感情を吐露するためであり、こんな当たり前のことをわざわざ書く方がどう

かしていると思われても致し方ないのが現代の趨勢である。確かにこうした情勢がわれわれの目の前に厳然とあるが、しかし今から400年前のヨーロッパではこのことは普通でも当たり前でもなかった。当時、大衆の間で流布し人気を博していた世俗音楽は確かに存在していた一方で、当時の音楽を主導し、また音楽のあり方に大きな影響を与えていたのは、他の芸術の諸分野と同じく、キリスト教であった。

　一口にキリスト教と音楽と言っても、その関係は一面的なものではなくさまざまな様相があったことは事実である。例えばモンテヴェルディの少し前の時代の有名どころを挙げるだけでも、ツヴィングリ（Zwingli, Huldrych. 1484-1531）は礼拝における音楽を一切認めず、ルター（Luther, Martin. 1483-1546）は逆に多様な音楽のあり方を許容し、そしてカルヴァン（Calvin, Jean. 1509-1564）は詩編に基づいた単旋律の音楽のみが礼拝で用いられるべきだと主張した。だからこそ当時の音楽のあり方を不当にも単純化する愚は避けられるべきだが、しかし確実なことは、モンテヴェルディが当時のカトリック教会主導の音楽のあり方に一つの重要かつ決定的な変革を敢行することになった、という点である。したがってこのモンテヴェルディの革新性を正しく把握するためには、旧音楽のあり方を確認する必要がある。ここでもう一人、旧音楽の代表格の音楽家に焦点を合わせてみよう。それはカトリック音楽の大家、パレストリーナである。

（3）パレストリーナの音楽とカトリックの精神

　パレストリーナ（Palestrina, Giovanni Pierluigi da. c.1525-1594）は、ローマ近郊の彼の生地が彼を呼ぶ際の通称となっているが（ローマ生まれの説もある）、その後各地の大聖堂の楽長を務めるなどした。16世紀後半は声楽ポリフォニー（複数の声部をもつ多声音楽）全盛の時代であり、フランスやフランドル地方で発展した豊穣なポリフォニー形式の技術を積極的に吸収し、自らの作品に昇華するに至った。これから見るようにパレストリーナはカトリックの精神を音楽において見事に実現することに成功したと言えよう。

パレストリーナの音楽を考えるとき、彼の生きた時代と当時のキリスト教史を参照することが必須である。キリスト教、特にカトリックの長い歴史において公会議が開かれてきたわけだが、パレストリーナが生きた16世紀において開催されたトレントの公会議は世界史の授業などでも知られるところだろう。音楽を話題とする本書でこうした公会議のことに言及するのは意外かもしれないが、実際のところこの公会議では音楽が正式に議題に上ったのである。

　ざっと西洋音楽史を振り返ると、当初は単旋律から出発した音楽だが、9世紀頃から複数の旋律を同時進行させようとするポリフォニー音楽が姿を見せ始め、15世紀になる頃にはその複数旋律の音楽のあり方が極めて複雑な形をとり、作曲家たちが技巧的な楽曲作りに精を出すようになっていた。"音楽のマニエリスム"として知られる15世紀末のアルス・スブティリオール（Ars subtilior）におけるギヨーム・デュファイ（Dufay, Guillaume. c.1397-1474）やヨハンネス・オケゲム（Ockeghem, Johannes. c.1410-1497）などが特に西洋音楽史においてそうした衒学的な、あるいはマニエリスム的な音楽の文脈で挙げられる重要な作曲家である。

　こうした中でトレントの公会議で問題視されたのは以下の点である。すなわち、音楽の本分とは何なのか？　そもそもキリスト教世界において音楽とはキリスト教の教義を乗せ、広めるためのいわば乗り物あるいは容器であって、キリスト教の教義こそが第一義的に重要であった。音楽はその意味内容を伝えるためのサポート役に徹するべきであり、決して前面に出るべきものなどではない。それなのに昨今の音楽はメロディー・ラインがどんどん複雑になってしまって、肝心の教義に意識がいたらないではないか、と当時の音楽のあり方を戒めるのがこの公会議の主眼だった。この点をパレストリーナ様式を焦点的に扱ったクヌート・イェッペセン（Jeppesen, Knud. 1892-1974）著『イェッペセン 対位法――パレストリーナ様式の歴史と実習』（原著1930、邦訳1955、第2版2013）から確認してみよう。

　　主要な点は厳格に規定され、また音楽はテクストを完全に生か

すように作曲された。1555年の聖金曜日に教皇マルチェルス2世は教皇庁の聖歌隊に訓戒して、この悲しみの聖日によく合致した性格の合唱曲を選択すると同時に、テクストを明瞭に発音することに慎重に留意するよう命じているのはよく知られた事実である。反宗教改革のトレント宗教会議でも同様に、音楽をテクストに従属せしめようという基本的意図の表現が見られるのは興味深い。（イェッペセン 2013：31）

　トレントの公会議と音楽との関係については以下も確認しておこう。1545年から1563年にかけてまずはカトリック教会のパウルス3世が反宗教改革の一環として招集したのがこのトレントの公会議であった。この公会議が音楽という文脈からも興味深いのは、ここで音楽の具体的なあり方について議論され、言及されている点である。すなわち、この会議中では典礼音楽についても明確に議題とされ、「歌詞が明瞭に聞き取れないという理由で、多声音楽をいっさい排除しようとする動きがあった」（ダールハウス：242）。複数の旋律の絡み合いによる多声音楽が複雑化し、技巧的になり過ぎたことを戒める主旨の言葉がほかでもないカトリックの権威筋から発せられていたわけである。

　こうしたカトリックの権威からの訓戒に対して、多声音楽の大家であるパレストリーナが切実な思いを抱いたとしてもそれは当然のことと言えよう。多声音楽という様式であっても、聞く者を攪乱せず、キリスト教の教義を際立たせ、神への賛美を高らかに歌い上げることのできる作品は存在しうる。こうした多声音楽の存在意義を実際の楽曲をもって実証することがパレストリーナの使命だった。その代表作とされるのが《教皇マルチェッルスのミサ曲》（1567年出版）である。

　先の引用にも名前が出てきていたが、このミサ曲に教皇マルチェッルスの名が冠せられていることは注目に値するだろう（ただしマルチェッルスは教皇に就任後わずか3週間で逝去してしまったという）。複数の旋律からなる多声音楽も聖句の邪魔になることなく、それどころか、さらに価値を高めることさえできるはずだ。そうした信念に貫か

れて作曲されたのがこのミサ曲であり、それはその冒頭の《キリエ》を一聴するだけでもその美しい流麗な響きの中に歌詞が明瞭に屹立しているかのように聞き取れるのが確認されるだろう。

　しかしこの《教皇マルチェッルスのミサ曲》には近年になって興味深い後日談が加わることになった。すなわち上記のようにパレストリーナは"カトリック教会の権威筋からの批判にこたえる形で、複数声部の聖歌を実際の楽曲として結実させた"、と長年語り継がれてきたのだが、これは後年の作り話で、パレストリーナ自身がこうした動機に直接基づいてこの《教皇マルチェッルスのミサ曲》を作曲したことを示す資料は皆無であることが明らかになった。このあたりの事情を西洋音楽学において重要な業績を多数残したダールハウス（Dahlhaus, Carl. 1928–1989）は次のように記している。

　　　パレストリーナの『教皇マルチェルスのミサ曲』は——それ自体をとれば——疑いなく古典性をもった作品といえよう。そしてこの作品は、多声的な教会音楽の使用に抵抗したトレント公会議をその典礼的な性格によって納得させたミサ曲として、規範的な地位を獲得した。しかし、伝承された逸話が伝説にすぎないとわかったとき、この作品の規範的な地位は放棄された、あるいは少なくとも揺らいだのであった。（ダールハウス：143）

　この引用箇所に付された訳注でさらに説明が加えられているが、このミサ曲の出来栄えに教会側も多声音楽を承認せざるをえなかったという伝説が生まれたのだが、実はこの話には歴史的裏付けがなく、「このミサ曲の成立事情と年代についてはいまだにはっきりしていない」（ダールハウス：242）ということになっている。したがってわれわれはこの作品をカトリック教会公認の多声性による至高の音楽といった捉え方をすることは決してすべきではないが、しかしダールハウスも上で指摘している通り、このミサ曲はカトリックの精神を音楽の世界で体現した古典性を備えていることは確かである。この古典性ゆえ、この《教皇マルチェッルスのミサ曲》をはじめとするパレストリ

ーナの一連の教会音楽は今後も語り継がれていくであろう。

（4）パレストリーナ様式——スティレ・アンティコ（旧様式）の特徴

　ではこうしたパレストリーナの音楽の特徴を純音楽的に見るならばどのように叙述できるか？　16世紀から17世紀にかけては複数の旋律を重ねることによって楽曲を形成していく対位法的手法[1]が音楽制作を支えていたわけであるが、また同時的な音の響きにも明瞭な意識が働いていたことも確かである。

　こうしたことを踏まえたうえで、例えば《教皇マルチェッルスのミサ曲》の冒頭のキリエを聴くだけでも、パレストリーナの楽曲が極めて流麗に、無理なく流れていくことが耳に響くはずである。その流れるような感覚は以下のような構造的特徴にある。すなわち、まず「ド・レ・ミ・ファ・ソ・ラ・シ・ド」の音の並びを想定して、ここから「ド・ミ・ソ」や「ファ・ラ・ド」のような1度・3度・5度の間隔にある3音を同時に響かせると耳に心地よく、快の感覚を与えるのに対し、「ソ・シ・レ・ファ」のように1度・3度・5度・7度の間隔にある4音を同時に響かせると耳障りで、不快な感覚を受ける（ということになっている）。これにはいくつかの説明が試みられているが、例えば4音を並べた際の4番目の音が1番目の音に対して"ぶつかっているために"（ソに対するファは、「ソ・シ・レ・ファ」の並び

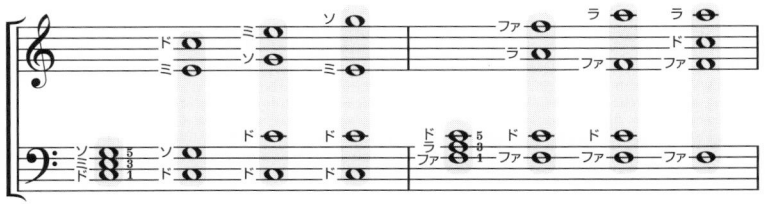

譜例②　協和の例
このように3音から成る諸音は協和を成すとされ、上のように配置を変えても同様である。

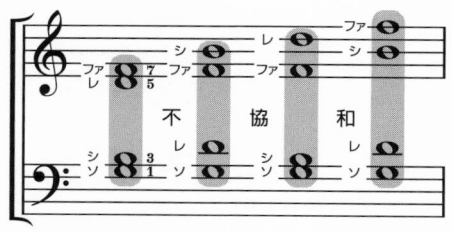

譜例③　不協和の例
ソ・シ・レのように3音に留めておけば協和だ
が、ここに4音目のファを加えると不協和とな
る。それは上のように配置を変えても同様であ
る。

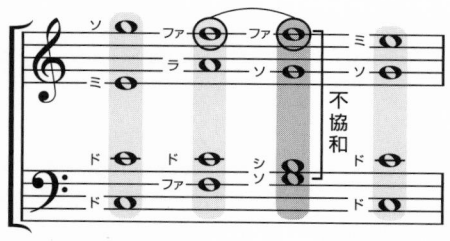

譜例④
ファとファを結ぶ曲線が"予備"の規則を表
す。この音がミへと半音下行することについて
は本書3章で再び注目する。

では7音／7度の間隔で離れ
ているが、しかし並びを変え
れば、隣り合っている〔2度
の間隔にある〕と見ること
もできる）に、その衝突感が
耳を不快に刺激するという
説明がなされる。ファはソ
に対して、不協和な音程に
なっているということであ
る(2)。

したがってこの不協和の
衝突感が唐突に耳を打つこ
とがないように、その4音
目（ここではファの音）は
その音が発せられる前の縦
の音の響きにおいて準備さ
れているべきである、とい
う規則がある（これが"不
協和音程の予備"の規則の起
源である）。

ちなみにこの不協和音程
は次の響きにおいて、隣接
音程に無理なく進行するこ

とも義務づけられている（つまりファは第4の響きのミへと回収される。
これが"不協和音程の解決"の規則の起源である）。

　他にもこれらの諸音の動きは、拍の動きとも関連しあい、強拍の際
にはこう、弱拍の際にはこう、といったさまざまな厳しい規則や制約
と絡み合いながら楽曲を形成することになっているのだが、ここでは
詳述は控え、上述の不協和の諸音の関係に戻ろう。このように不協和
とされる音の処理が厳しく定められているがために、例えばパレスト
リーナの楽曲がいとも美しくわれわれの耳に響くことはある意味納得

がいくとして、ではなぜこうした諸音の運行が定められたのか、という疑念が湧くのも当然であろう。これにもまた複数の回答がなされるものであり、当然、純音楽的に、複数の旋律を重ね合わせる実践の何世紀にもわたる試行錯誤から、美しい響きを求めてこうした形態が現出するに至ったということもあるだろう。しかし、ここではまたキリスト教の教義が引き合いに出されるべきである。

つまりキリスト教の教義における「神の創造物であるこの世界にどうして悪や不完全なものが存在するのか」という問題である。これに対する答えとしてしばしば引き合いに出されるのが、「神は不完全なるものをもって完全性を体現する」という神学の教義である。つまり、神はただいたずらに悪や不完全なるものの存在を許しているわけではない。不完全なるものの存在意義がどこにあるかと言えば、それはほかならぬ完全性を際立たせるためであり、不完全なるものは完全なるものから出立し、完全性へと回帰することが運命づけられている。それによって神の完全性の理解がより深まるからである。

音楽における協和と不協和の問題にこの教義が援用された。すなわち、先述の通り特に不協和な音程に関しては予備と解決という規則が必須とされたわけだが、それは不協和な音程が現出されるためにはその不協和を成す音は前もって協和の諸音の中に準備されていなければならず、そして最終的に必ず協和の響きでもって終わらなければならない。これこそが神の意図なのであり、楽曲の中においてこうした予備や解決といった配慮なしに不協和な響きが用いられるのであればそれは甚だしい不完全性であり、決して容認されるべきではない。

キリスト教神学のこうした教義に当時の作曲技法は深く規定されていたわけであり、パレストリーナはこうした厳しい規定の中でカトリック教会のための音楽を多数作り続け、それゆえに音楽の一つの理想的な範型としての地位を占めることになったのである。ちなみに、パレストリーナ様式は現在でも有効に学習されている一つの技法であり、対位法様式の一つの典型であると見なされている。

（5）モンテヴェルディの掟破り
——《つれないアマリッリ》の不協和音程

　教会音楽の中で研鑽を積んだモンテヴェルディも、当然パレストリーナ様式の中で作曲活動を行っていた。こうした彼のキャリアの中で、さらには西洋音楽史の流れの中で、画期的な転換点として挙げられるのが、彼が1597年には作曲していたとされる《つれないアマリッリ》という声楽曲である。楽曲そのものとしては簡素な作りで、現代のわれわれにはいたって心地よい響きとして耳を打つだろう。しかしこの《つれないアマリッリ》の冒頭のフレーズに関して西洋音楽史の中でももっとも重要と言っていい論争が繰り広げられることになった。その楽曲冒頭から最初のフレーズ終了までの譜例①（「はじめに」14頁）を見ていただきたい。

　可能であれば是非実際に音楽をかけながら楽譜を参照いただきたいが、一聴してまったく何の違和感もなく、どうしてこの部分で論争になる箇所があるか見当もつかない方がほとんどではないかと推測される。それは当然で、後に言及するように、モンテヴェルディがここで従来の規則の掟破りをしたからこそ、後の音楽のあり方が規定されるようになったからであり、その射程内に現代のわれわれの音楽文化のほとんどが存在していると言えるからである。さてそれではモンテヴェルディが敢行したその一手とはどの部分なのかと言えば、それはこのフレーズの終了部分に他ならない。譜例①の下段を拡大したものを譜例⑤で確認しよう。

　矢印の付いた箇所の音名を確認されたい。下から「ソ・シ・レ・レ・ファ」、つまりは１度・３度・５度・７度の響きが使用されている。先述の通り、このように４つの音を同時的に使用する場合、最下部のソに対して最上部のファは不協和な音程を成す。したがって、不協和は協和から生まれねばならないのだから、ファの音はその前から準備されていなければならない。しかし、譜例が示すように、ファの音の前にはラが響いており（ちなみにこのラの音も含め、この小節の前半もかなり破格な音の配置になっているが、論点が散漫にならないように

譜例⑤

ここでは扱わないでおく）、ファの音の予備は準備されていない。つまり不完全性がいきなり現出してしまっているわけである。これは従来のパレストリーナ様式の音楽の規則や思考形態を完全にはみ出すものであり、旧来のあり方からは絶対に容認されない音楽である。したがってこの箇所を巡って、旧世代と新世代の間で激烈な論争の幕が切って落とされることとなった。

（6）旧陣営からの猛烈なモンテヴェルディ批判

こうしたモンテヴェルディの不協和な音の扱いを、旧世代が黙って見過ごすようなことはなかった。この点を鋭く批判したのがアルトゥージ（Artusi, Giovanni Maria. c.1540–1613）という音楽家であった。彼はザルリーノ（Zarlino, Gioseffo. 1517–1590）の直系の弟子と言える人物で、同じく弟子のヴィンチェンツォ・ガリレイ（ガリレオ・ガリレイの父）が後になって師であるザルリーノを厳しく批判し始めた際にも、アルトゥージはザルリーノ擁護の陣営を取り続けた（ザルリーノ

については第3章で再び扱われる）。

　アルトゥージが範としたのはしたがって当然、師ザルリーノの教えであり、本論で先に確認したパレストリーナの音楽のあり方と完全に同一視することはできないが、しかし「パレストリーナの対位法の技法は、ザルリーノの《調和概論》に継承されたウィラールト（Willaert, Adrian. c.1490–1562）の楽派の教えとほとんどの点で細部まで一致している」（グラウト／パリスカ　上巻：317）という指摘もある。この点の検証にここで着手することはできないが、つまるところは両者とも伝統的な対位法的楽曲作りを堅守する側に属していたわけであり、アルトゥージはその教説の正統的後継者であったと見なされるべきである。つまりアルトゥージは音楽の旧陣営に属す論客であったわけで、保守派で伝統的音楽の側に立つベテランの論争家として十分にキャリアを積んでいたとされる。

　こうしたアルトゥージにとって、《つれないアマリッリ》におけるモンテヴェルディの不協和の取り扱いはまさに言語道断であって、批判の対象となって当然であった。先の譜例⑤で確認したモンテヴェルディの型破りな不協和な響きの扱いを具体的に指弾して批判したのが彼の「アルトゥージ、別名、今日の音楽の不完全性について」（1600）という文章である。アルトゥージの批判の主旨はすでに題名からして明らかである。つまりモンテヴェルディの音楽は"不完全"なのである。その不完全性は上で指摘した《つれないアマリッリ》の問題の箇所であり、この不協和の響きの扱いは保守派のアルトゥージにとっては神の完全性を冒瀆する暴挙以外のなにものでもない。

　この点を実際にアルトゥージのテクストから見てみよう。この文章はルカとヴァリオという2人の登場人物の間で交わされる会話体となっている。まず会話中で最近のマドリガル（マドリガーレとも。ルネサンス期の代表的歌曲形式）を耳にしたことに話が及ぶと、2人ともそうしたマドリガルの曲を「空中の楼閣、砂の上のキマイラ」「奇怪怪奇」「音の騒乱、不条理の混乱、不完全性の寄せ集め、これらはすべて現代の音楽家たちの無知によるものである」などと容赦なく酷評する。より良い理解のために、そうした批判が明瞭な文章を以下に引用

しよう。

> それらは耳障りで、耳を喜ばすよりも害し、この音楽という学の秩序と境界を設定した人々が残した良き規則に対して、何らの重要性を有していない混乱と不完全性をもたらす。(Artusi：394–395)

> これは私が強く考えていることであるが、そうした作曲家たちの頭には煙以外のなにものもないのであり、自分自身のことにあまりに夢中になってしまっているので、もっとも素晴らしい音楽家たちや、多くの理論家たちによって前時代に手渡されてきた古き良き規則を崩壊させ、台無しにし、ダメにしてしまう彼らの能力の範囲内で音楽を考えてしまうのである。それらの人々から現代の音楽家たちが学んだのはいくつかの音をほとんど優美さもなく共に鳴らすことだったのである。(*op.cit.*：399)

このように批判の調子はまったく収まる気配を見せないのだが、さらに踏み込んで音楽の規則に言及されている点は重要である。すなわち、文法にしかるべき規則があり、算術にしかるべき証明や手続きがあるように、音楽でも守られなければならないものがあるのは当然ではないか、その規則とは協和と不協和に関わるものであり、「不協和は調和において非本質的なものとして使用されているのだから」(*op.cit.*：401)、協和とは別の扱いが必要とされるものである、と論じられている。

> 協和は調和において自由に使用される。それは跳躍進行（施律が3度音程以上「跳躍」する進行：引用者注）でも順次進行（施律が2度音程を通じて進行すること：同）でも、それらに区別はない。しかし不協和は、別の本性から成るのだから、別の仕方で捉えられなければならない。(*ibid.*)

そうして音楽における不協和の扱いについての話になるのだが、このアルトゥージの文章では多数の譜例が掲載され、さまざまな不協和のあり方が論じられている。そしてその中にわれわれも先に見た《つれないアマリッリ》の例の予備のないファの音の譜例も含まれている（ただしこの文章内ではモンテヴェルディの名も、作品名も、そして歌詞も明示されず〔特にこの「歌詞が明示されない」ということが後に問題となる。〕、ただ問題となる譜例の一部が掲載されているだけである）。このファの音がバス声部のソの音と7度音程を形成していることを念頭に次の箇所を読まれたい。

　　　われわれの先人は7度が絶対的にまた公然と使われうるとは教えたことは決してなかった。（中略）というのは7度は作曲に優美さをもたらさないからであり、そして、上声は作曲の全体の基礎と何の一致も有していないからである。（*op.cit.*：404）

　この楽曲と基礎との一致の欠如が「新しいパラドックス」と指摘され、そしてこうした要素を有する新しい音楽の運命は以下のように予見されてこのルカとヴァリオの会話は終わりを迎える。

　　　このパラドックスが何らかの理性に合理的に根差しているのであれば、それは称賛に値するし、永遠の命へと邁進していくことであろう。しかしこれは短い命を持つであろうことが運命づけられている。なぜならそれを実行すれば、それは真実がそれとは真っ向反していることを示すことになるだけだからだ。（*ibid.*）

　以上のように、音楽の完全性を死守しようとする保守派の重鎮・アルトゥージからの攻撃は極めて激しく、モンテヴェルディたちが作り出しているような新しい音楽は真実に根差さず、短命になるだろうとまで予言されるにいたる。果たしてこの予言はまったくの的外れになったことを、現代を生きるわれわれは知っているが、しかしここではモンテヴェルディ自身がこの批判を無視することなく、敢然と反論を

述べたことに注目してみよう。

（7）モンテヴェルディ兄弟による反論
——第一作法 vs. 第二作法

　アルトゥージから浴びせられた批判に対するモンテヴェルディの反論は単に興味深いというに留まらず、その後の音楽のあり方に決定的な一石を投じることになった点で極めて重要である。

　1605年に発刊されたマドリガーレ第5集の冒頭でモンテヴェルディは簡潔に、しかし決然と自らの作曲信条を表明し、アルトゥージに反論した。このマドリガーレ集は音楽の作品集なので、こうした文言を作品集に加えるというのは異例である。したがってモンテヴェルディはその冒頭で、「賢明なる読者諸氏。私がこれらのマドリガーレを、アルトゥージがそれらの中の極めて細かい部分に対して行った批判にまず答えることなく、出版することにどうか驚かないでいただきたい」（Monteverdi, C.：536）と断っている。そしてモンテヴェルディは以下のように続ける。ザルリーノによって教えられた音楽しかこの世に存在しないと考える一部の人々は単に古いのであって、だから私の音楽に驚くのだ、とモンテヴェルディは強調する。

　　　しかしながら、協和音程と不協和音程に関してはすでに定められているものとは異なった考えがあって、それは理性と感覚の協調によって新しい作曲法を擁護するものであることを、彼らに確信させたい。（*ibid.*）

　このようにモンテヴェルディは強調する。そのためにモンテヴェルディは「第二の作法、別名、今日の音楽の完全性について」（この文言はアルトゥージの批判論文への完全な当てこすりであることは一目瞭然である）という論考を準備したので、清書が済みしだい発表するつもりであるとこの中で述べている。

　興味深い点として注目すべきは「第二の作法」という表現である。モンテヴェルディは「"第二の作法"という表現を他人に盗られない

ように」（*ibid.*）ここで明言しておいた、と述べているのであるが、これは当然"第一の作法"が念頭に置かれてのことである。"第一の作法"とは協和と不協和の音の響きの関係、特に不協和な響きの制御に関する伝統的な作曲法のことであり、これはまたスティレ・アンティコ（古い様式）と呼ばれることもあるが、すなわちザルリーノがその理論を書き、パレストリーナが実践した音楽のあり方のことである。

　それに対してモンテヴェルディが打ち出した"第二の作法"こそはスティレ・モデルヌ（現代の様式）であり、ここに新時代の音楽が切り開かれることになった。もちろんモンテヴェルディのこの第一、第二という名称には時系列に沿ったものであること（つまり自身の作法は後発であるということ）が根底にあるだろう。しかし普通論争となればたいていは相手に対して自身の優位性や自分が一番であることを強調するのが常道とされる中で、モンテヴェルディが自身の《つれないアマリッリ》のような楽曲は"第二の作法"なのだと、何の衒いもなく明言していることは注目に値する。そしてこのモンテヴェルディの反論の文章から正しく読み取られるべきは、第二の音楽は第一の音楽を過度に攻撃したり、駆逐することを目的としたものではなく、第一の音楽とはまた別に第二の音楽が存在するという主張である。

　モンテヴェルディが打ち出したこの第一作法と第二作法の対置の図式までは彼のこのマドリガーレ集冒頭のテクストからよく理解できるのだが、しかし極めて残念なことに、モンテヴェルディはここで予告していた「第二の作法、別名、今日の音楽の完全性について」という論考を発表することは生涯なかった。読むことができるのなら何としてでも読んでみたかった文章であるが、こればかりは歴史の定めなので致し方ない。しかし幸いなことに、この作曲家には弟がいて、その弟が兄の考えを代弁する文章を残している。以下ではしばらくその論旨を追ってみよう。

（8）歌詞に対する音楽の態度の変化

ジュリオ・チェーザレ・モンテヴェルディ（Monteverdi, Giulio Cesare. 1573–c.1630/1631）は自身も作曲家・オルガニストとして活躍した音楽家であったが、おそらくは当時流行していた疫病によって命を落としたと思われ、兄クラウディオよりも早くこの世を去っている。失われた楽譜も多いと推測されるが、劇音楽、声楽曲、マドリガーレ、モテット(3)等の楽曲を残した。しかし何より弟ジュリオ・チェーザレの業績として後世に重要な足跡を残したものとしては兄クラウディオの三声用の曲集《音楽の戯れScherzi musicali》（1607）の編集に参画し、その中で「解説 Dichiaratione」というテクストを残したことが指摘されるべきである。この文書こそ、先の兄の「第二作法」の趣旨を代弁するものであり、クロード・パリスカによって「音楽史の中でもっとも重要なマニフェストの一つ」（Palisca：152）と指摘されているものである。

まずジュリオ・チェーザレは兄クラウディオの音楽が「キマイラや空虚」（Monteverdi, G.：536–537）と呼ばれたことに言及し（実際にアルトゥージの名が明記されている）、それに対して反論の筆を取ることにしたと決意のほどを語る。つまり兄は反論のためにわずかのスペースしか割くことができなかったので、自分がその代わりにより十全な仕方で、詳細にわたって兄の意図を説明しよう、と明言している。そして以下のように続ける。兄はただ気まぐれや勝手気ままに《つれないアマリッリ》を作曲したのではない。「《つれないアマリッリ》はでたらめに作曲されたのではない」（*op.cit.*：538）のだ、と。

そして弟曰く、まず次の点が理解されなければならないが、「第一作法は調和を歌詞の女主人とする」のに対し、第二作法は調和を歌詞の僕[しもべ]とするのだとジュリオ・チェーザレは強く主張する。ここで第一作法では調和（＝音楽のあり方そのもの）に、第二作法では歌詞にプライオリティーが付与されていることが何よりも重要である。

それゆえに私の兄は反対者たちとその追随者たちに以下のこと
を証明するだろう。すなわち、調和が歌詞の僕であるときには、
協和と不協和の使用法は確立された方法において決定されてはい
ない。というのもこの点においては一方の調和はもう一方の調和
とは異なっているからだ。(*op.cit.*：541)

　ここでジュリオ・チェーザレはプラトンの言まで持ち出し、プラ
トンが音楽は歌詞・調和・リズムの3つの要素からなると述べたことを
引き合いに出し、歌詞にどれだけの重要性が担わされているかについ
て読者の注意を促す。兄の音楽は、第一作法の音楽と違って、この歌
詞に重きを置いたがゆえに《つれないアマリッリ》のような楽曲が登
場したのだ、とその理由を説明する。したがって、アルトゥージは歌
詞を引用することなく、ただ音符だけを連ねた譜例を掲載して《つれ
ないアマリッリ》を批判したわけだが、この批判のやり方自体が不当
なのだ、とジュリオ・チェーザレは語気を強める。

　　しかしここでアルトゥージは《つれないアマリッリ》からいく
つかのディテール、あるいは彼が言うところの"パッセージ"を
取り上げ、歌詞に注意を払うことなく、しかしそれらの歌詞があ
たかも音楽にまったく関係がないかのように無視しているのであ
る。そしてそうしたのちに、それらのパッセージには歌詞が、調
和全体が、リズムが欠けている、と示している。しかしもし、そ
の誤って掲載された"パッセージ"において、アルトゥージがそ
れらとともに歌詞を示していたのであれば、世間は彼の判断が迷
走していることを必ずや知ることになったであろう。そしてそれ
らの"パッセージ"が第一作法の諸規則を完全に軽視したことに
よるキマイラや空中の楼閣であるとは言うことはなかったであろ
う。(*op.cit.*：538.)

　このように歌詞の存在はモンテヴェルディ兄弟にとって絶対に譲れ
ない線であった。ここに第一作法と第二作法の論争の核心の一つがあ

る。ここで何よりも重要なのは、ここでいう歌詞とはまさに人間の情感affectの表出であるという点である。つまり歌詞が表現する人間の情感の方が他の要素に先んじて重要視されたことが確認される。先の《つれないアマリッリ》の譜面を念頭に、このジュリオ・チェーザレの説明の真意に迫ってみよう。なぜ《つれないアマリッリ》の冒頭で、モンテヴェルディがあらかじめ準備されていない不協和の響きを使用したかと言えば、それは歌詞が表現している情感を優先した結果なのだ、というのがモンテヴェルディの動機の核心である。この歌詞は羊飼いのミルティッロが恋するアマリッリへの気持ちを歌ったもので、叶わぬ恋の「嘆きの表現にきわめて適切な軋むような不協和音」を生み出すためになされたことであり、「詩人の述べている意味や感情を伝える」(グラウト／パリスカ　上巻：261)ために、モンテヴェルディはこのフレーズの終了する直前の箇所で「ラ→ファ→ミ」と諸音を設置し、まずラの最高音までソプラノを上げておいて、そこから急激に下行する旋律線を使用することを選択し、敢行した。それは確かに"ファの音は予備されていなければならない"という規則を破ることになったのだが、モンテヴェルディは規則を遵守することよりも歌詞の内容が有する情感の要求する音楽制作の方を選んだのだ。

　前掲の譜例⑤を今一度参照されたい。問題の箇所まではワンフレーズで成立しているが、歌詞が一段落するこの箇所で音楽のフレーズも一区切りする必要があるとモンテヴェルディは判断した。この際、フレーズの区切りの直前では不協和な響きを出し、それを最終音において協和の響きで解決させるのが常道である。したがって、ファという不協和の音からミという協和の音へと移行させ終結を実現させるわけだが、従来の作曲の規則に従うならば、前者のファの音は、その不完全性ゆえに、さらにその前の音からあらかじめ準備しておかなければならない。そのためにはそれ以前のメロディーの流れと縦の響きに変更を強いなければ(つまり具体的には、前もって何らかの仕方でファを鳴り響かせておかなければ)ならないわけだが、モンテヴェルディはその策を取らずに、伝統的規則を破ることを選択した。それは伝統的な規則に則った作曲法ではなく、《つれないアマリッリ》のこのメ

ロディーの進行こそが、この歌詞が表現する感情と合致するという判断をモンテヴェルディが下したことを意味する。つまり不完全性を完全性によって担保するという従来の伝統的作法を守るよりも、人間の恋の情感affectの方を優先させたのである。ここに、その後の音楽の命運が決せられたと言っても過言ではない。

　しかしモンテヴェルディは何から何まで規則を破ってしまえばいいとしたわけでは決してない。注意深く冒頭から諸音の動きを追えば、はじめのうちはモンテヴェルディは従来の伝統的な規則に従って、不協和な音をきちんと予備していることが確認されるはずである。しかしこのフレーズの終了部分に至っては、今までの規則に従っていてはどうしてもこの歌詞の情感を伝えることができない。このような切迫した思いから、この一小節の最後の響きに限り（これが属七あるいはドミナント・セブンスとして呼びならわされるようになるものである）、規則を思い切って破ることにしたのである。

　したがって弟ジュリオ・チェーザレはもう一度繰り返す。「《つれないアマリッリ》は気まぐれに作曲されたのではなく、美しい技術と卓越した研究によって作られたのである。それは兄の反対者には理解されないことであり、反対者には知られていないものなのである」（Monteverdi, G.：538）。兄クラウディオの不協和の処理の仕方は確かに伝統からの逸脱であり、保守派には簡単に理解されないであろうことが述べられている。しかしこの逸脱の一手は後の西洋音楽のあり方に決定的な変化をもたらし、後の音楽の主流ではこのモンテヴェルディの掟破りの一手が常習化し、新たに規則化されていくことになる。

　それでは最後に、この「解説」の末尾にある、弟ジュリオ・チェーザレによる古い音楽への決別宣言ともとれる文言を読んでモンテヴェルディ兄弟の新しい音楽へと向かう姿勢を確認しよう。

　　私の兄は、歌詞の指示のゆえに現代の作曲は作曲実践の諸規則を守っていないし、また守ることができず、この言葉の指示を念頭においた作曲法だけがこれほどまでにこの世に受け入れられているので、この作曲法こそがこの世界で慣例と呼ばれるであろう

ことをよくわかっている。確かに兄の議論自体はこのような慣例
の真実を支えるには不十分かもしれない。しかし兄がそのように
言ったのは、たとえ兄の反対者が欺かれたとしても、この世界が
欺かれるであろうなどということは兄は信じることはできない
し、またこの先も信じることはないからなのだ。それではさよう
なら。（*op.cit.*：544）

（9）モンテヴェルディの革新とその後

　以上が第一作法と第二作法の間に戦わされた論争のあらましであ
る。このあたりの事情を要領よくまとめた次のテクストで確認し、整
理しておこう。

　　またこの世紀には、劇音楽および標題楽への傾向がまだ顕著と
　はいえないまでもたしかに存在した。この新たな道への表現手段
　の探求を怠りなくつづけた末、ついにこの傾向は世紀の終わりに
　はオペラの創造を結果したが、その中心形態は事実上あらゆる近
　代音楽の源泉となったといえるのである。しかし、決定的な変革
　が成就されたのは1594年から1600年にかけてであり、その期間
　に音楽は単なる装飾的な機能ではなく人間の思想や感動を描き出
　す手段である、という概念が生じたのである。この新たな観念に
　よって、その年を境として、新しい音楽と旧い音楽との間の劃然
　たる区別が生じたのである。音楽史の近代において決定的な役を
　演じたのは実に歌詞（テクスト）への態度だということができる。（イェッペ
　セン：32）

　上の引用ではパレストリーナとモンテヴェルディの、第一作法と第
二作法の、新しい音楽と旧い音楽の、明確な分水嶺が的確に説明され
ている。もちろん、モンテヴェルディの第二作法は何もないところか
ら唐突に登場したわけではなく、むしろ第一作法を素地として生じた
ものと見るべきである。しかし上記引用の「歌詞への態度」という点

に着目してまとめれば、第一作法において音楽は"歌詞／キリスト教の教義"のための副次的な存在に徹するべきという姿勢を貫徹するものであった。それに対してモンテヴェルディは"歌詞／人間の情感"を最優先とするがゆえに、旧来の音楽上の制約を一部破ってまで音楽にさらなる表現力を可能にする道を切り開いた。それは、多少専門用語を交えて言えば、対位法をその基盤とする第一の作法に、不協和な響きを制御する法則性の一つの決定的な変化を付け加え、ここにわれわれが現在も慣れ親しんでいる和声的調性、あるいは調性的和声の姿が現れることとなった。

　ある意味でこのモンテヴェルディの規則破りは、「コロンブスの卵」になぞらえられるかもしれない。従来の音楽の流れの中の1音を従来の規則から逸脱させることで、前時代には不可能だった音楽のフィールドが現出したのだ。それは、考えてみれば、誰にだってできるような簡単な一手のようにも思える。そしてまた本書後半に見るような音楽構造を破壊しようとしたり、あるいはまったく別のフィールドを作ろうとした19世紀末から20世紀初頭の西洋音楽の動向（本書第5章参照）と比すれば、その大胆さは大したことのないように思えるかもしれない。しかしモンテヴェルディがこの予備なしの不協和な響きを実現していなかったら、その後もしばらくパレストリーナ的な対位法技法による音楽が主流を占め続けたかもしれず、モンテヴェルディ以降の名だたる作曲家たちの作品は存在しえなかっただろうし、理論面から言えばJ.‒Ph.ラモーの『自然の諸原理に還元された和声論』（原著1722、邦訳2018、以下、『和声論』と略す）も書かれることはなかった。したがってわれわれが現在享受している音楽文化も今とは違ったものとなっていたはずである。

　歴史において派手で大仰な出来事よりも、このモンテヴェルディのような振る舞いの方が決定的にその後の歩みを決してしまうこともある。いずれにせよ、モンテヴェルディのこの伝統的規則からの逸脱の一手こそが、現在のわれわれが享受している和声的調性の音楽の形式が整うための最後の重要なワンピースであった。

　その後の西洋音楽史の中では、このモンテヴェルディの「第二作

法」は歌詞を伴わない"器楽の第二作法"へと発展していくと記述されていく。すなわちマドリガーレが表現するようになった"歌うような情感"を器楽でも再現しようとする動向が出現したとされ、その代表的な作曲家としてはフレスコバルディ（Frescobaldi, Girolamo. 1583–1643）やフローベルガー（Froberger, Johann Jakob. 1616–1667）の名が挙げられるのが常である。

　そして現代まで射程に収めるならば、現代のいわゆるアカデミックな和声的作曲技法の教授においても、属七の和音を除いて、他のすべての不協和な音程は前もって予備され、そして協和音程に回収・解決されることは重要な規則とされており、初歩の教則本でもそのような学習は必須となっている。こうした中で属七／ドミナント・セブンスの和音だけは特権化されており、次に控えている協和音程への解決は必須だが、前もっての予備はまったく必要とされていない。こうした教則本の書法を成立させているのも、もとをたどれば今から400年も前のモンテヴェルディだったわけである。

　こうした一連の規則は17世紀以降、クラシック作曲家たちが一定の指針とし続けたものであるが、時の経過とともに次第に属七以外の和音の不協和音程の予備も必ずしも遵守されないようになり、われわれが日常的に耳にするポップスやロック、ジャズなどではこの不協和音程は予備なしに自由に使用されていることの方が多いだろう。もしもアルトゥージが現代の音楽を耳にすることができたなら、などと想像するのは現代人の傲慢で余計なお世話というものであろうが、ともあれ現代の音楽はモンテヴェルディの革新のさらにその先に進んだと言える。しかしこの動向もモンテヴェルディが第二作法の方へと舵を切っていたからこそであり、モンテヴェルディの掟破りの一手なくして現代の種々の音楽ジャンルにおけるさらなる自由な不協和音程の使用もなかったであろう。つまりモンテヴェルディの第二作法は17世紀以降に完全に第一作法を凌駕するようになり、現代の西洋音楽起源の豊穣で多岐にわたる音楽文化、つまりわれわれの音楽体験のほとんどは第二作法の領野にあるのである。

第2章　西洋音楽はどのように流れるのか？

（1）音楽の基礎構造——音楽の"文法"とは

　前章で筆者は、モンテヴェルディによる不協和音程の大胆な使用法がなければ「理論面からいえばラモーの『和声論』（1722年）も書かれることはなかった」と書いた。本章ではこの点をさらに深く見ていくこととしたい。少し言い方を変えれば、1600年頃にこのモンテヴェルディの革新によって和声的調性の形が整い、そしてこの和声の諸規則を理論書として結実させたのがラモー（Rameau, Jean-Philippe. 1683–1764）であるというのが西洋音楽史の書かれ方だが、では一体モンテヴェルディによってなされた音楽の形式の総仕上げを、ラモーはどのように理論的に体系化したのか？　この一端を「カデンツ」という形式に着目し、この「カデンツ」に依拠した音楽というものが現在までどのように引き継がれ、そして有効であるのかを見ることがこの章の目的である。

　まず「カデンツ」とは何なのかについての言及が必要であろうが、以下でも詳述する通り、「カデンツ」の理解や捉えられ方は時代や文化圏、あるいは個々人によっても異なり、一義的な定義を下すのは思いのほか困難である。現代のわれわれにとっては「カデンツ」という言葉で、楽曲の基礎構造や骨組みのことを想定されるのがよいであろう。あるいは音楽用語を使えば、音楽の"フレーズ"、あるいは"フレージング"をどのように組み立てればいいのかを問題にするのが「カデンツ」である。この"フレージング"や骨組みを作成するのに、西洋音楽においては長い歴史をかけて基礎となる法則性が制定され、確立されてきた。

　本書冒頭では、英語という言語を引き合いに出して音楽状況と照ら

し合わせる手段を取っておいたので、ここでも英文法を例に"構造"や"骨組み"の法則性について考えてみよう。ある程度の初等文法を習得し終えると、英文の構造把握のために英語の5文型というものに注意を促されるのが英語教育の常道となっている。無数に存在する多様な英語表現のすべてが、もちろん多少の逸脱や力業は必要な局面があるとはいえ、基本的には5つの文型に当てはまり、還元できるという知識は、英文の構造把握に極めて有効であるがために、現在でも英文法書の冒頭に一章を割いているものも多い。

　実は西洋音楽の構造についても似たことが言える。それこそ16世紀頃から現在に至るまで西洋音楽に端を発する音楽の構造は、いかにそれが数多くのジャンルで、把握しきれないほどの多様な姿を見せているとしても、そのすべては基本的に3つの範型に還元できることは、現在でも和声の初学者にとって必須の学習事項となっている。その範型は和声学の中ではカデンツと呼ばれているが、このカデンツこそ和声学の中で「和音」や「基礎低音／根音バス」と並んで最重要の部位を成すものである。そしてこのカデンツについて体系的かつ詳細に記述したのが『和声論』をはじめとする重要な理論書の著者であるラモーであった。『和声論』冒頭に置かれている「理解が必要とされる諸用語の説明一覧」はアルファベット順に重要用語に説明が付されており参照に簡便だが、その中の「Cadence」の項目でラモーは「これらのすべてのカデンツについての知識は和声の理解のために非常に必要とされる」（ラモー：12）ものであると力説している。

　したがって、この英語の5文型に相当すると見なすことのできる、3つのカデンツの内実に関してはラモーの『和声論』以降の理論書を繙くのが最善だが、しかし問題なのはラモー自身によるカデンツの説明というのがところどころで、首尾一貫しているとは言えない点にある。つまりラモーは、基本的なカデンツ観に関しては大きな変化はないものの、年を経るごとに多少説明の仕方を変えたり、また名称を変えたりしている。そしてまたラモー以後も、カデンツに関する理解や捉え方は歴史的な変遷を経る中で若干、あるいは決定的に変化した部分もある（これは見方の問題である）。したがって以下では現代の一

英語の5文型	音楽の3つのカデンツ
第1文型　S　V	
第2文型　S　V　C	第1型（K1と略記）T→D→T
第3文型　S　V　O	第2型（K2と略記）T→S→D→T
第4文型　S　V　O　O	第3型（K3と略記）T→S→T
第5文型　S　V　O　C	

般読者の便宜のために、戦後の日本において1964年の初版の発刊以来、和声学の礎となってきたロングセラーである『和声——理論と実習Ⅰ〜Ⅲ』（島岡譲／執筆責任・著、音楽之友社、1964〜1966年。通称は「芸大和声」）の記述に従ってカデンツのごく基本的な事項を確認することとする。

　上述の通り、西洋音楽の作法に従った音楽はすべて3つのカデンツに分類することができる。それが前掲の図の右側である。この図の表記はあくまで『和声——理論と実習』に従ったもので、ラモーのものではない。それは例えばフランス語であればカデンツはCadenceと表記されるが、上で略称として用いられているKはドイツ語のKadenzの頭文字から取られていることにも表れている。これは日本の和声学がラモーをはじめとするフランスの理論から直接ではなく、その後19世紀から20世紀初頭にかけて台頭したドイツにおける音楽理論の興隆（特にフーゴー・リーマンらによる一連の理論的考察の業績の影響は大きい）から学び、その成果を『和声——理論と実習』などにまとめ上げたという経緯によるとされる。

（2）カデンツの内実——結末へと導く

　それではまず、上の図の右側にあるT、D、Sで表されている用語の確認に入る。以下ではドを主音とする長調、つまりハ長調／C-durをモデルとする。現在では音階音にはローマ数字を付して表記することが定番となっている[4]。譜例⑥では五線譜で1オクターヴの音階

譜例⑥

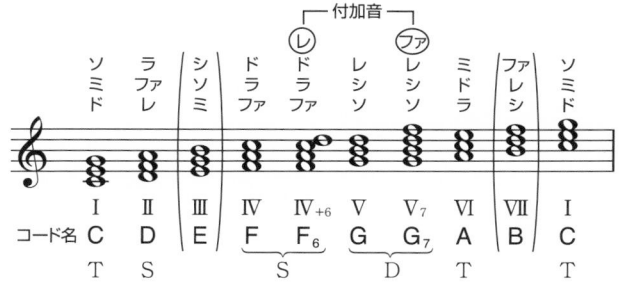

と、その音階音上にできる和音を、ローマ数字と、ポピュラー音楽で
使用されるコード名を付したもので確認する。

　上記の譜例で、III/E と VII/B の和音がカッコでくくられている。こ
れは、この2つの和音は若干扱いが困難であるので和声学習の初歩段
階では扱われないからである。残りの和音がT、D、Sのいずれかに
分類されているのが確認される。

　Tはトニック Tonic のTであり、ラモーにおいては「当該の調の主
音（Iつまりド）」の1音を指していたが、現在ではトニックと言え
ば主音（ド）上にできる主和音（ド・ミ・ソ）を指すのが通常である。
またドから数えて第6音であるラ音上にできるラ・ド・ミの和音もト
ニック扱いである。フレーズの最初と最後を司るのがこのトニックで
ある。

　Dはドミナント Dominant のDであり、ラモーにおいては「当該の
調の第5音（Vつまりソ）」の1音を指していたが、現在ではドミナン
トと言えば第5音（ソ）上にできる属和音（ソ・シ・レ）、あるいは属
七の和音（ソ・シ・レ・ファ。V_7と表記される）などを指す。ドミナン
トはトニックの登場の準備を成すものなので、D–Tの順序で用いら
れる。

　Sはサブドミナント Subdominant のSであり、この名称は接頭辞の
subに「下」の意味があることから、「ドミナントの1音下の音」とい
う捉え方と、「（主音から見て）下の方にあるドミナント（下向きに見

①　　　　　　　　　　　②　　　　　　　　　　　③

［第1カデンツ］（K1）

T - D - T

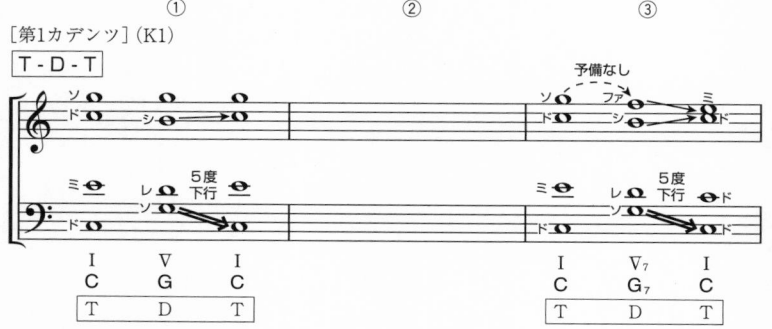

［第2カデンツ］（K2）

T - S - D - T

［第3カデンツ］（K3）

T - S - T

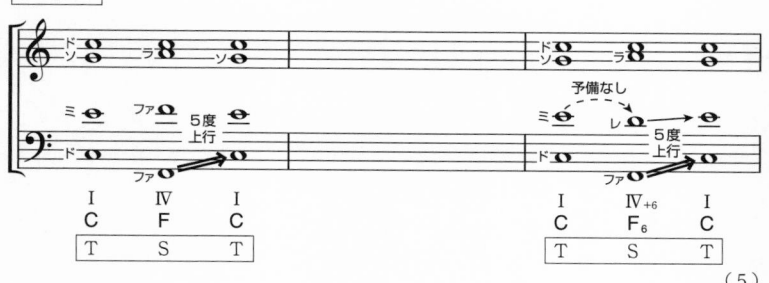

（5）

46

て第５音）」の２通りがある（ラモーにとってはもっぱら後者の捉え方である）。いずれにせよこの音はⅣに相当するのでファの一音を指していたが、現在では下属和音（ファ・ラ・ド）や付加六の下属和音（ファ・ラ・ド・レ。最低音からの６度音程を付加したもの。Ⅳ$_{+6}$と表記される）を指す。そして後者のファ・ラ・ド・レの和音の並びを読み替えた、レ・ファ・ラ・ドの和音（Ⅱ$_{+7}$の和音）も下属和音の一員とされ、現在ではⅡの和音（レ・ファ・ラ）の三和音もＳ扱いである。

　Ｔ・Ｄ・Ｓを簡単にまとめると次図のようになる。

T	I	Ⅵ
D		V
S	Ⅱ	Ⅳ

　以上を踏まえたうえで、ごく基本的なカデンツの具体例としては譜例⑦のようなものが挙げられる。
　──→はいわゆる「限定進行音」を、⟹はいわゆる「基礎低音／根音バス」の進行を示す。この譜例はあくまでもカデンツのごく基本的なあり方、いわば音楽の"骨組み"を示したものであり、実際の楽曲の様子を示したものではない。それは英語の５文型も、現実にある英文を部分部分に分割してＳ・Ｖ・Ｏ・Ｃに落とし込んだり、またそれらに含まれない副詞類をカッコに入れることによってその構造／骨組みが把握されるのと同様と言える。

　A tension exists between some kinds of chords. So, cadential harmony is "dynamic".

A tension exists (between some kinds) (of chords). | (So,) cadential harmony is "dynamic".
　S　　　V　　　　　　　　　　　　　　　　　　　|　　　　　　　　　　　　S　　　V　　　C
　　　　　　　　第１文型　　　　　　　　　　　　　|　　　　　　　　第２文型

譜例⑧　Mozart, Piano Sonata No.16（KV545）

　実際のカデンツには当然さらに複雑極まりないものも存在するが、ここではカデンツの基本を把握することが目的なので上記のような簡単なものに留めて、いくつか重要な点を指摘しておきたい。

　まず、既述の通り、現代に通ずるカデンツのあり方を詳述したのはラモーの『和声論』をもって嚆矢とされるが、しかしラモーにとってカデンツとは、上記に示したカデンツの"終止部分のみ"をもっぱら指す楽語であった。つまりラモーが問題としたのはK1、K2の「D-T」の箇所と、K3の「S-T」の箇所のみであって、それはラモーの言葉遣いでは「結末（コンクリュズィョン）」としばしば言い換えられている。

　一つ具体例を挙げれば、カデンツの中でももっとも基本的とされるのはバスラインがV度音からI度音に移行する「D-T」のカデンツであるが、これをラモーは「歌謡の一つの確実な結末（コンクリュズィョン）のことである」（ラモー：67）と明記している。つまりラモーの主眼は音楽のフレーズの節目節目でどのように音楽に"結末"の感覚を与えて、終止感を出せばよいのかを詳述することにあり、「カデンツ」はその終止のさせ方の各種の名称であった。例えば「完全カデンツ」（バス音がV-I〔ソ-ド〕と移行する）はもっとも強い終止感を出すもの、「中断カデンツ」（バス音がV-VI〔ソ-ラ〕と移行する。現代の和声学では「偽

48

終止」と呼ばれる）はそうした終止感を多少ぼかして、曖昧にしたもの、などである。

　このようにラモーにとっては楽曲のフレーズの結末部分だけを指示するために用いられていた「カデンツ」という名称が、上で見たように、『和声──理論と実習』では結末部に至るフレーズ内部の個々の諸部にも広く適用されるようになった。それは例えば譜例⑧のモーツァルトの有名なピアノ・ソナタ冒頭フレーズのその全体がK1とK3から成っている、ということを確認できるように有効利用されるに至った。当初の「カデンツ」の意味合いをもとに拡大解釈がなされたわけだが、実際のところ楽曲の作成にも、楽曲の構造の確認のためにも、K1からK3の見立てを適用することは一定の効果があると言えよう。

（3）カデンツとバスラインの関係性
──根音あるいは基礎低音の進行

　さて本章のカデンツの考察は英文の5文型を引き合いに出すことで理解の助けとしたわけだが、上述のようにカデンツはもともとフレーズの締めくくりの部分を指す名称であったことは英語の5文型とは大きく異なるところであると言えよう。この点に関しラモーの和声理論のもう一つの重要な論点である基礎低音／根音バスの進行についてごく基本的なことを確認しておきたい。ラモーが提示した音楽観として“楽曲の最低部を占めるバスラインが音楽の秩序を支える”というものがある。ラモーはザルリーノの『調和概論 Le Istitutioni Harmoniche』の論旨を引き継ぐ形で、大地が諸物の基礎の役割を果たすのと同じように、「バスも他の声部を強固にし、定着させ、下支えをする特性を有するものである。したがってバスは和声の基礎と土台として場を占める、それゆえにバスと呼ばれるのであり、いわば土台であり支えである」（ラモー：64）と述べる。

　このようにバス声部への着目とその存在意義の強調こそがラモー理論の枢要を成しており、この影響は後代において極めて大きく現代にいたる。そしてカデンツと関連して重要なことは、このカデンツの結末部（D–T、S–T）においては5度の音程間隔を基本としてバスラ

インが進行する、とラモーが力説することである（これこそが「根音進行」の名称のもとである）。この点も『和声論』冒頭の「理解が必要とされる諸用語の説明一覧」から確認してみよう。その「B」の区分けにある「基礎低音 Basse-Fondamentale あるいは基音 Son-Fondamental」の項目では、これらの進行には３度、５度、７度などの種々のものがありながらも、「これらの進行のうちもっとも完全なものは５度の進行」（ラモー：11）であると強調している。この根音進行の基本的な進行を確認するためにバスラインだけを下段に記したものが以下の譜例⑨となる。

譜例⑨

まず左側の譜例だが、ラモーにとって最重要のカデンツ進行というのは「５度下行」の動きをバスラインが示すものである。この譜例でも「ソ⇒ド」の進行が確認されるが、つまるところこの最初のソがドの上下のどちらにあってもそれは重要ではない。なぜなら「５度下行、あるいは４度上行、これは進行という点に関しては同じこと」（ラモー：11）だからであり、上のソからドに下がれば「ソ・ファ・ミ・レ・ド」の５度下行、下のソから上のドに上がれば「ソ・ラ・シ・ド」の４度上行したことになることを示す。

これに対して譜例⑨の K3 のカデンツにおいては「ファ⇒ド」の根音進行となっており、これは「５度上行、あるいは４度下行」ということになる。この両者が同じことを示すのは前段落の内容を同じよう

に当てはめてみれば分かる。したがって、5度の進行を通じてドの音に至るためには、「ソ⇒ド」の5度下行と、「ファ⇒ド」の5度上行の2通りがあることが明らかとなる。カデンツ進行としてより大きな重要性を付与されているのは前者の「ソ⇒ド」の5度下行進行であり、この5度下行進行こそが音楽現象を支える基礎である、というのがラモーの基礎低音／根音バス理論の要であり、この5度のバス進行をもとにカデンツは展開される。

　付言しておけば「ファ⇒ド」の5度上行のバス進行は、5度下行進行が主要な進行であるのに対し、ワンランク下の、副次的な根音進行という位置づけが与えられている。したがって、「ソ⇒ド」のバスラインの上で展開されるK1、K2のカデンツがフレーズの節目で使用されると強烈な終止感を与えるのに対し、この「ファ⇒ド」のバスラインの上で展開されるK3のカデンツはそれよりも一段弱い終止感を与えるものとされる（これが、このK3のカデンツが現在では「変終止」や「アーメン終止」と言った名称で知られているゆえんである）。

　では今までの譜例で一つ疑問点が挙がってもおかしくはない。というのも、譜例⑧のモーツァルトのピアノ・ソナタの楽曲の左手のバスは、どこがどう「5度」の進行になっているのか、という問題である。この左手は「ドソミソ・ドソミソ・レソファソ・ドソミソ」と、どう見ても5度進行しているようには見えない。これはこの左手のバスが実際の楽曲におけるバスであって、「基礎低音／根音バス」ではない、という事情による。

　つまりこの「基礎低音／根音バス」は実際の楽曲で使用されるバスラインとは違って、「目にみえず、また必ずしも実際に演奏されるわけではないが、しかしこの音楽構造を基礎・土台において支えている真の低音」（ラモー：xi）のことを指すからであり、そのバスは譜例⑧の和音に還元した3段目の最低音の脇に音名を付記しておいた通りである。それに従えば、ド⇒ソ⇒ド⇒ファ⇒ド⇒ソ⇒ドとなっており、上行か下行かのいずれかの形ですべてが「5度進行」になっていることが確認されるはずである。この5度間隔から成る基礎低音／根音バスを土台として、楽曲の内部では「和音の転回」や「省略」といった

技法を駆使することによって実際のバスラインが形成される。

　音楽構造としては上記の５度進行だけから成る基礎低音／根音バスを使用して、その上にメロディー・ライン等を重ねていくことで楽曲を作ることは可能ではある。したがってこの基礎・土台をもととして、「和音の転回」や「省略」といった技法を使って実際にどのようなバスラインを作るかは作曲家の判断や「趣向」によるものであり、腕の見せ所でもある。それは上声部と基礎の部分を和音という支柱に依拠する形でなされるわけだが、楽曲の構造確認のために基礎を成すバスラインやそのバスラインを含む和音だけに楽曲を収斂させること（譜例⑧で言えば上２段から下１段を導き出すこと）を「還元（する）／レダクション」と言い、またその逆に、支柱となる和音やバスラインから上部の楽曲部分を作ることを「実施（する）／レアライゼーション」と言う。

　例えばこのピアノ・ソナタでモーツァルトが、支柱と想定されるこれらの和音から実際の楽曲にあるようなバスラインを導き出したのは、実際の楽曲ではそこで支柱としての役割を果たしているそれぞれの和音構成音を、極力バスの上下動を減らした形で分散させて(6)、最低部のラインを形成させることが選択されたことを示す。このようにバスラインを文字通りの５度進行ではなくできる限り滑らかに進行させようとするのはよく使用される手法でもある。逆に楽曲にダイナミックな動きを与えたかったり、躍動感を出したいときには、すでに上で述べたように、この５度進行をそのままに用いることも可能ではある。そしてバンドや合唱のバスパートや、ピアノの左手を気にしてみれば、楽曲が大きな終わりを迎える結末部ではバスラインが５度下行あるいは４度上行してⅠの主音に至るのが常道であることに気づかれている人は多いであろう。そのことは、音楽の土台の役割を果たす基礎低音は楽曲の表面に現れることが稀だと指摘するラモーが、「基礎低音が姿を表しているとき」（ラモー：115）もあると言及している通りである。

　前述の通り、「カデンツ」という名称を巡ってはラモーと現在の用法とを安直に同一視することはできない。しかし重要な点として指摘

されるべきは、ラモーの理論的著作にはすでに、トニック・ドミナント・サブドミナントの名称は確かに登場し、また『和声——理論と実習』にあるようなK1からK3までのカデンツの姿も確かに確認されるどころか、そうしたカデンツのあり方はラモーにとっての最大の関心事の一つであったことである。

　以上を確認したうえで、本章冒頭で指摘しておいた“モンテヴェルディの革新がなければ、ラモーの『和声論』も書かれることはなかった”という点を精査してみよう。

　今一度譜例⑦を確認されたい。このK1からK3までのカデンツのあり方が現在われわれが享受している音楽の骨格ともいえる基礎構造であり、この基礎構造は、そこで用いられているトニック・ドミナント・サブドミナントの名称も含めすべてラモーの理論的著作で扱われている。この中で、もしモンテヴェルディによる革新的掟破りがなければ、それ以前の従来のパレストリーナ様式内で是認される音楽のあり方は、K1・K2・K3の①（つまり不協和音程を登場させない方法）と、K2の②（不協和音程を用いるのであれば前もって予備させ、解決させる方法）のタイプのみであり、③の手法は禁じ手であったわけである。しかしモンテヴェルディはこの不協和音程の予備なしの使用を、“歌詞の情感の要求”に従うことが必要だということを根拠に、正当化し敢行した。そしてモンテヴェルディの時代から1世紀以上も後に活躍したラモーにとって、この予備なしの不協和音程の使用はもはや“当たり前”の音楽的現実であった。

　この『和声論』内の譜例⑩（ラモー：79）だけでもいくつかの重要なことが指摘できるが、しかしここでの論点に限って言えば、まずこの「完全カデンツ」（つまり結末部のバスラインがソ⇒ドの進行になっている）の二重線よりも左側の譜例の「第二上声部」においては第3小節のファの音はバスのソからの第7音であり、ファはソに対して2度の不協和音程を成すために、1つ前のファから予備がなされ（それはスラーで示されている）、そして下行限定進行で解決がなされている（それは直線で示されている）。

　この予備と解決がなされている進行はパレストリーナ様式の枠内で

譜例⑩　完全カデンツ（ラモー『和声論』より）

是認されていたものであり、これであればアルトゥージも激怒することはなかったであろう。しかし二重線よりも右側の譜例では、同じく第二上声部の真ん中のファの音に対して、下行限定進行という解決は確認されるものの、このファの予備は前の和音においてもはやなされていない。このファの音を含む属七の和音は前者の仕方でも、後者の仕方でも、使用可能であることはラモーにとってすでに所与であった。

　この属七の予備なしの不協和音程の使用法は、譜例⑦に立ち戻って考えれば、従来の①②の音楽のあり方に対して、③の用例を常態化させるものであった。この③の用例が追加されただけだと考えれば、事態はさほど重要でないように思われるかもしれない。しかし実際この追加が後の音楽に与えた広大な影響は決定的であったと認識されるべきである。もし音楽世界が①②の用例だけに留まっていたのであれば、確かにその音楽内部では予備と解決がすべてしかるべくなされるのだから、音楽が急展開して驚かされることはなく、調和に満ちた音楽世界が約束されていただろう。しかしそれはまた融通の利かない、狭苦しい音楽世界に感じられる契機をもはらんでいたわけで、実際モ

ンテヴェルディがこの予備なしの不協和音程の使用に踏み切ったのに
は、従来の、完全な美を誇る世界では、歌詞の情感を音楽的に表現す
ることが窮屈でできない、との切実な認識があったからである。

　そして③に代表される諸音の進行も音楽世界で可能となり、その後
の音楽の領野のあり方は格段に自由度と柔軟性が上がり、作曲の可能
性が幾重にも増すことになった。そうした現実がラモーにとってはも
はや当然であったことは先に確認したが、事態はここに留まらない。

　それは例えば譜例⑧のモーツァルトのピアノ・ソナタの冒頭部をも
う一度確認してみるだけでも決定的に明白である。現代ではこのソナ
タを耳にして違和感や不快感を感じる人の方が稀であると言えるほど
にこうした音楽が普及しているわけであるが、この冒頭部には２回、
属七の和音（G_7）が登場する。ということは、第７音であるファとい
う不協和音程が使用されているわけだが、その属七の和音の前の和音
はⅠ（ド）の上に形成されるド・ミ・ソの和音なわけであるから、ど
うやってもファの音の予備は不可能である。ここで予備されない第７
音を含む属七の和音が使用されているということは、譜例⑦のK1の
③の用法に相当し、このカデンツは旧来の第一作法／スティレ・アン
ティコの音楽の枠内では現れるはずのない音楽である。つまりこの、
われわれの耳にはただただ心地よく、美しく響くピアノ・ソナタの冒
頭部分も、K1の③を含むカデンツから構成されている事実を直視す
れば、モンテヴェルディによって初めて現前するようになった音世界
であり、「第二作法」の音楽の領野である。

（4）カデンツの歴史をさかのぼる

　以上、「カデンツ」という視点から捉えてみることが西洋音楽理解
に有効である一端を見てきたが、それでは西洋音楽においてこの「カ
デンツ」にはどんな由来があり、どのような経緯をたどってきたので
あろうか？　ここでそのすべての歴史の流れを踏まえることはできな
いので、重要な契機を２つだけ見ておきたい。その２つとは「クラウ
ズラ」と「P－i－P原理」である。

まず「カデンツ Cadence」に通ずる前身的存在として「クラウズラ Clausura」を確認しておく必要があるだろう。西洋音楽理論研究の重要な必読文献であるダールハウスの『*Studies on the Origin of Harmonic Tonality* 和声的調性の起源の研究』（原書 1968. 英訳 Dahlhaus 1990. 邦訳なし）でも当然、和声的調性との絡みでカデンツが扱われているが、その冒頭の「導入」の中でダールハウスは「和声的調性へと向かう進歩は、カデンツの機能と配置における変化の中に、もっともよく看守される」として、この問題を「調関係とクラウズラの配置」という項目で扱うとしている（Dahlhaus：4）。

「クラウズラ」という名称をたよりに西洋音楽史をさかのぼっていけば、有名な例として西洋芸術史の区分けとしてはゴシック期に相当する、12世紀フランスのノートル・ダム楽派へと行き当たる。西洋音楽史ではおよそ9世紀頃から複数旋律の組み合わせによる多声音楽の動向が確認されており、グイド・ダレッツォ（Guid d'Arezzo c.991–c.1033）の『ミクロログス（音楽小論）』（原著1025年頃、邦訳2018）など重要な論考においてそうしたポリフォニックな音楽の作曲・実践が考察、叙述された。そしてグレゴリオ聖歌を多声化したオルガヌム[7]が楽譜として残されるようになり、現存するオルガヌムの最古の資料は11世紀の「ウィンチェスター・トロープス集」とされている。

　そうした伝統の中、12世紀に至ってパリという大都会で、その名称にも冠されているノートル・ダム大聖堂（1163年着工）を中心に教会音楽に携わった音楽家集団の活動がノートル・ダム楽派と呼ばれている。この楽派の内実を記した資料として必ず言及されるのがその資料の著者、「アノニマスIV」である。これはこの著者の氏名、伝記的情報がまったく分からないためにこのような通称で呼ばれており、日本語では「第四の無名者」と訳されることもあるが、ともかく推測されるところではこのアノニマスIVは当時、イングランド出身の学生で、彼がパリ留学中に残したラテン語のノートが現在まで残された。このノートには当時の音楽状況をうかがい知ることのできるいくつかの重要な情報が書き留められているが、西洋音楽史の流れで引き合い

に出されるのが次のくだりである。

　当時のノートル・ダム楽派には
2人のマギステル（師の意味）が
いて、一人はレオニヌス
（Leoninus, ?-c.1210　仏語読み：
レオナン）で彼は「最高のオルガ
ニスト optimus organista」と呼ば
れていた。そしてもう一人はその
後継者ともいえるペロティヌス
（Perotinus, c.1160-c.1230　仏語読
み：ペロタン）で、彼は「最高の
ディスカントール optimus
discantor」と呼ばれていた。前者
がもっぱら二声の作曲に従事した
のに対し、後者は前者の業績に依
拠しながら三声、四声の作曲を展
開させていった。

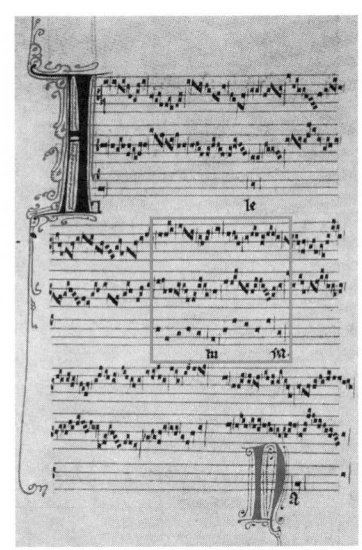

ペロティヌスの楽譜　ヴォルフュンヴュッ
テル地区　アウグスト大公図書館蔵

　クラウズラに話を戻すと、この
2人が残したとされる楽曲にクラウズラの存在が確認されることも必
ず西洋音楽史で言及されるゆえんとなっている。ただしクラウズラの
姿や使用のされ方にはさまざまなものがあり、決定的な定義等を述べ
るのは難しい。したがって有名な例を実際に確認するのが最善であろ
う。数あるクラウズラの中から比較的に視覚で捉えやすく、非常に有
名な例として、ペロティヌスの《アレルヤ、乙女マリアのほまれある
御誕生　Alleluia, Nativitas》を見てみよう。

　右上の写真がその楽譜に相当するものだが、中央の太線の囲みの内
部と外部で違いがあることが明瞭であろう。まず外部の方だがここで
は楽曲は上二声の動きが顕著で、その下を長い音価の"持続音"が3
段目で楽曲を支えているのが分かる。こうした楽曲は「オルガヌム様
式」と呼ばれ、先人のレオニヌスが従事した作曲のあり方であり、ペ

ロティヌスもこのオルガヌム様式を継承したことがここから分かる。それに対してペロティヌスの独自性が確認されるのが囲みの中である。この内部では3つの声部すべてがそれぞれに動きを見せている。

　このように声部すべてが動く様式は「ディスカント様式」と呼ばれ、こうした部分がクラウズラとして認識されるようになる（さらに後の時代にはここからモテットが登場してくるとされる）。つまりこの囲みの箇所は、その前後の箇所と照らし合わせると一目瞭然であるように、この箇所を一つのまとまりとして形成させようという作為がこの楽譜から明瞭に確認されよう。このようにある特定の部分が、一定のまとまりをもった、ある程度の独立性をもった楽句として成立するようになり、クラウズラとして認識されるようになったということが西洋音楽史においては重要な契機であった。この例はレオニヌスとペロティヌスの両者の特性が見られるものとして貴重なものとされる。

　ノートル・ダム楽派のクラウズラの有名な例としては他にもペロティヌスのクラウズラ《Mors》（イエス・キリストの磔刑死をモティーフとした、死の克服の賛歌）や、レオニヌスが《Haec dies復活祭昇階唱》という聖歌に編曲を加えた楽曲が挙げられる。特に後者の例は、われわれが上で見たペロティヌスの《アレルヤ、乙女マリアのほまれある御誕生　Alleluia, Nativitas》におけるクラウズラが一つだけ単独使用されているのに対し、《Haec dies復活祭昇階唱》ではその曲の中盤で6つのクラウズラを次々に連結させて楽句を作っている点が特記されるべきである。これらの複数のクラウズラも、先の単独のクラウズラと同じく、前後の箇所とのつながりを保有しながらも、それぞれが独立性を有したまとまりとして次々に連綿とつながっていくわけである。

　こうした用法こそ、上でわれわれが見た『和声──理論と実習』におけるK1からK3までのカデンツがK－K－K……と連なっていく構造に類似しているといえる。もちろんこれらは外形的な類似に過ぎず、こうしたノートル・ダム楽派のクラウズラをカデンツの直接の祖先とするような見方は事態を見誤らせる危険性がある。というのも『カラー　図解音楽事典』が言及しているように、「クラウスラ（クラウズ

ラ）の形態はさまざまである」（ミヒェルス：203）ので、クラウズラに一義的で決定的な見方や定義を安易に求めることは困難である。このあたりの事情も含め、クラウズラとカデンツの関係性を指摘したダールハウス自身が次のような重要な但し書きをしているほどである。

> しかし依然として、旋法性とクラウズラの配置が調性とカデンツの配置と本質的な仕方において、つまりそれはその音楽上の重要性において、あるいはまた単に付随的に、作曲上の構造と音階音度の選択において、異なっているのか否かは、不明である。
> （Dahlhaus：213）

専門的な知見も交えられているので多少難解だが、分かりやすく捉え直すと、確かにクラウズラというあるまとまりをもったフレーズが連結していくさまがすでに12〜13世紀に確認され、その用法が継続されていったことは確かとしても、ここにはまた、ではそれらのクラウズラの中ではいかなる旋法性が用いられ、またその旋法性から別の旋法性へと移行する際にそのそれぞれのクラウズラはどのようなあり方になるのか、などといった問題が複合的に絡んでくる[8]。したがってこうしたクラウズラが現代の長調・短調の二元性をもととする調性音楽のカデンツの連なりとどのような関係性を有するのかは簡単には断じることはできない、といったほどの意味に解される。

そしてその後の歴史において、まとまりをもった楽句を連ねることで音楽を作る方向性はさまざまに展開する。われわれはカデンツの形式としてK1からK3の定型を確認したが、例えばT－S－D－Tのカデンツについてダールハウスは、"I－IV－V－I" と "ii$_7$－V" の進行は既に16世紀に使用例が見られる点を指摘している。しかしこの点でさらに重要なのはこれらの16世紀の進行を、後の "和声的な意味" でのカデンツと同一視することはできないという注意書きをダールハウスが付け加えている点である[9]。こうした注意点はこの間のヨーロッパにおける音楽の変遷をクラウズラやカデンツというトピックに限定する形で概観しようとするだけでも、相当の困難があることを示

している。確かにラモーのカデンツの使用から時代をさかのぼってノートル・ダム楽派におけるクラウズラの存在に行き当たることはでき、このこと自体に瑕疵があるわけではない。しかし両者を直線的な継承関係のストーリーで捉えるのは明らかに短絡であり、両者間にはその歴史の流れで生じた複雑で多岐にわたる諸相があった点が踏まえられるべきである。

（5）音楽を前進させるP–i–P原理
——"怠惰な手のペトルス"に見るカデンツの原形

それでは外形的なところから内部的な方へと目を移してみよう。今われわれは一つのまとまりをもった楽句／フレーズ内でのあり方を問題としているが、そうした区切りを設けるか設けないかにかかわらず、およそ複数の旋律を同時に重ね合わそうとするポリフォニックな音楽が始まったときから、同時的な音の響きに関する意識は確認されることになる。そして、ポリフォニックな多声音楽はおよそ9世紀頃から展開されてきたことにはすでに触れたが、その多声性のあり方を論じたグイド・ダレッツォの『ミクロログス』等でもいかなる音程幅をもっていかにそれぞれの声部を導いていくのか（同行、斜行、反行等）についての叙述がある。こうした叙述の中で、特にフレーズの終結部分に意識が払われていることには留意されてよいだろう。

そうした諸音の営為の中、1120年頃に記されたいわゆる「オルガヌムに関するモンペリエ論考 Montpellier Organum Treatise」という文書では、フレーズの最初と最後だけでなく、その中間部における音程幅についてのコメントがあることが注目に値する。そしてこの時代には4度が完全協和音に含められ、3度と6度という音程幅は8度、5度、4度などの完全協和音程に比べれば明らかにその完全性が劣るものと見られていたわけだが、この論考こそが「音の進行を制御するために諸音程のさまざまな性質を用いようとする、現在知られている中での最初の試み」（Jans：129）とされる。

そして、ある楽句／フレーズ内での諸音程のあり方というパースペクティヴにおいて重要な革新が起こったのが確認されるのは14世紀

の古文書においてである。このテクストは修道士ペトルス・ディクトゥス・パルマ・オキオーザ（Petrus dictus Palma ociosa）によって残されたものとされる。この長い通り名を日本語に訳すと「怠惰な手のひらと呼ばれるペトルス」といった意味になるが、本書では以下「（怠惰な手の）ペトルス」と略称する。これから注目する彼の『計量歌曲提要 Compendium de discantu mensurabili』（1336年）は総語数5300ほどの小著であり、西洋音楽理論史を扱った、特に邦語文献ではほとんど言及されてきていない。しかし、本当にこのペトルスが怠け者だったかは分からないとしても、このテクストはいくつかの点で貴重な情報を残している[(10)]。

　概要を把握しよう。修道士にふさわしくまず冒頭で、「聖なる不可分の三位一体と、汚れなき聖母マリアに敬意を捧げつつ、（中略）計量歌曲の短い学術書あるいは教程の公刊に取り掛かることにした」と決意表明がなされ、この著作を3章に分けることとした、と述べられる。第1章では単純歌曲simplex discantus（1対1の音符 punctus contra punctum から成る楽曲のこと）、第2章ではムジカ・フィクタ（後述）、第3章では計量歌曲の装飾について扱われるが、ここでは第1章の内容が重要である。

　第1章冒頭では「音楽Musica」の語義や語源を巡ってイシドルスやグイド、ボエティウスらの名が挙げられながら叙述が進むが、われわれの関心として注目すべきは歌のあり方についてこのペトルスが指摘している箇所である。

　すなわち「歌曲とは一つの音を別の音へと曲げること　Cantus est inflexion vocis ad vocem」（Petrus：3）と興味深い定義がなされた後、ディスカントゥスについても言及される。ディスカントゥスは通常、オルガヌムなどのテノールに聖歌の定旋律を持つ多声楽曲の様式か、あるいはそうした多声楽曲の最上声部を指す言葉だが、「ディスカントゥスとは2つか、複数の声部のある種の多様な歌曲である」（*ibid.*）と述べられている。また、それではそうした様式において諸音はどのように進行すべきかについて語られる。歌曲は多様であるべきなので、片方が上行ならもう片方は下行、あるいはその逆が望ましいが、

「しかし双方が同時に上行、下行することも可能であり、それは歌曲の美しさのために、声の不足のために、あるいは必要性という原因のためになされる」。そして、次の箇所が極めて重要だが、このような同時上行・下行が承認されるのは、音程の「種別を何らかの仕方で分断するか、短3度、長3度、5度＋全音（＝長6度）といったさまざまな不完全性の相違を用いることによって」である、とペトルスが明記している点である。

　後段の趣旨を踏まえてペトルスの言わんとしていることを補足すれば、協和というものには複数あっても、それは快いものであって、一つのものとして捉えられるので、多様性を生み出すにはそれらの間に不協和音程を介在させて変化をもたらすことが必要である、ということである。

　この個々の具体的な検証にペトルスは入るわけであるが、ここでは非常に分かりやすい例をこの第1章から引こう。譜例⑪－1に注目されたい。

譜例⑪－1　（Petrus：9より）

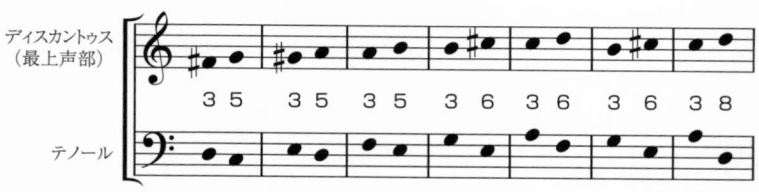

　中段の数字は筆者による書き込みで、両声部間の音程を示す。ここではまず使用されている音程が3度、5度、6度、8度（あるいは1度）であることを確認しよう（ここでは長短の区別はとりあえず黙過する）。そしてこの時代には1度、5度、8度が完全、3度と6度が不完全と認識されていたことも踏まえておいた。それではこの譜例に関するペトルスのコメントを以下に引用しよう。ここでのペトルスの説明は何気ないようでいて、実際のところ極めて注目に値する。

これらのディスカントゥスの内、あるものは完全、あるものは不完全、そして一つは中間である。完全な種別というのはユニゾンと８度であり、これらが完全と呼ばれるのはこれらが完全で終結的な協和を生み出すからである。不完全な種別は短３度、長３度、５度＋全音（＝長６度）である。これらが不完全と呼ばれるのはこれらが不完全で非終結的な協和を生み出すからである。そして中間の種別というのは５度であり、これが中間と呼ばれるのはこれが確かにより上位のディスカントゥスとより下位のディスカントゥスの間で適度な場を占めているからである。そしてこれは終結的な種別であり、聴く者たちにとってすべてに勝って快く、美しい調べである。しかし上述のディスカントゥスの種別の本性においては、ディスカントゥスが成される、あるいは開始されるべきなのはともかくもっぱら完全の種別か中間の種別、すなわちユニゾン、オクターヴ、そして５度においてである。(*ibid.*)

　このテクストが貴重なのは、諸音程の性質が明確に区別されたうえで、それぞれについて言及されている点である。ここで５度が「中間の種別」として特化されていることは西洋音楽理論史においては注目すべき重要な点だが、しかし最後の下線部を見ても分かる通り、５度は明らかに不完全な種別の方ではなく、完全の種別の方にグルーピングされ、同族扱いされている。

　また西洋音楽理論史の歴史を繙いても、ユニゾンが（協和）音程に含まれるかどうかは議論の余地があるのだが、しかし５度が８度とともに、あるいは８度に次いで、完全音程の場を占めてきたことは歴史的事実として確認できる。したがって、ここでユニゾン・５度・８度を完全音程としてまとめ、他方３度・６度を不完全音程としてまとめるなら、前出の譜例は譜例⑪－２のように捉えられる。Ｐが完全音程、ｉが不完全音程を示す。

譜例⑪-2

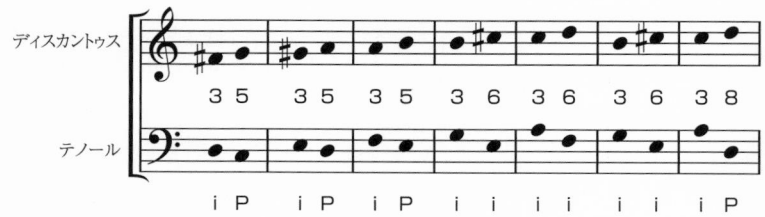

　このようにPとiが継時的に続いていく。ここで先の文字テクスト
の引用を今一度参照し、上でPと表記した5度と8度（1度）が「終
結的な性質」を持つとされていた点、そして曲の開始はユニゾン・5
度・8度によるべきであるという点を今一度想起すると、このPとi
を用いた図式は、"P－i（iii…）－P"と表記できることになる。この
図式こそが音楽の動きの誘因の仕組みを示していると言える。つまり
Pの音程が安定性の性質を担っているがゆえに、開始、中間、終結の
場を占め、不協和音程は不安定性の性質を持つがゆえに、安定性であ
るPへと志向し、前へ前へと進むのである。
　こうした音楽の構造に着目し、この怠惰な手のペトルスのテクスト
に注目し、紹介・考察の論文を書いたマークス・ジャンス（Jans,
Markus, 1972-2010）はバーゼルで教鞭をとっていたということだが、
その論文の中で「バーゼルのスコラ・カントールムで、われわれはこ
れをP－i－P原理と呼んでいる」（Jans：130）とコメントしている。
そしてこの原理の出現の画期的意義を次のように説明する。

　　旋律は初めと、中間と、ゴールを有する。言い換えれば、旋律
　はパースペクティヴを持っているということである。このP－i－
　P原理とともに、このパースペクティヴに新たな次元が加わっ
　た。音楽史において初めて、この音楽史のもっとも重要なプロダ
　クトの一つであるカデンツとともに、水平的な方向性に加えて、
　垂直的な方向性があることになる。今や作曲家たちは彼らが音を

計画し、操作するのに用いるツールを彼らの自由に使えるように
なった。このことは聴き手にはさらに次のレベルの「聴取の予測
的期待」をもたらすことになり、作曲家にとっては終わりのない、
驚嘆すべきゲームが開かれることになった。さらには以下の
ようにさえ言えるだろう。つまり、このP－i－P原理は、いわ
ば、音進行のすべての規則のプロトタイプであり、起源なのだ。
この原理はマショーからマーラーに至る普遍的妥当性を維持して
おり、協和音に依拠するすべての音楽の最初の、そして最大の、
調和に関する法則なのである。それは通奏低音の技法にとって
も、オクターヴの規則に関してもまた同様にそうであることに注
意せよ[11]。(*ibid.*)

　実際のところ、西洋音楽を見渡してみて、このP－i－P原理という
のは卓抜な表現である。ここでわれわれが第1章で確認した、スティ
レ・アンティコやパレストリーナ様式がどのような思惟に支えられて
いたかを想起するのは適切なことである。そこで不完全性の出現は完
全性がもとになっているはずなのだから、必ず協和和音が不協和和音
に先立って不協和の準備をせねばならず、そしてその不協和音程はし
かるべく協和和音に回収されるように連結されなければならない、と
いった論理が音楽を支えていたことを確認した。そしてこの論理は疑
いなくキリスト教神学に裏打ちされたものであったわけだが、この怠
惰な手のペトルスのテクストには直接にはこの教義と完全・不完全の
関係性にコメントした箇所というのは見当たらない。
　しかしペトルスのテクストの冒頭を確認したように(本書61頁)、
彼はキリスト教の修道士として、この教説の枠内で音楽の規則を述べ
ようとする志向性が確かに確認される。この伝統がその後も受け継が
れ、ザルリーノやパレストリーナに引き継がれていったと見ることは
歴史の流れとして問題はないだろう。そしてこの完全・不完全の関係
性に重要で決定的な変革をもたらしたのがモンテヴェルディだったわ
けである。
　付言しておけば、この堅牢で統一美を誇る、古典的な完全・不完全

の連鎖の構造にモンテヴェルディは果敢にも、属七の和音における不協和音程の自由な使用法という、後の音楽のあり方のためには不可欠な革新を成したわけで、この革新が可能にした音楽の領野の広がりを踏まえるならば、この意義の重要性はいささかも過小評価されるべきではない。しかしモンテヴェルディはこの完全・不完全の連鎖の関係性の完全破壊を目論んでいたわけではない、という点もまた強調しておくべきであろう（この目論見が顕在化するのは19世紀末から20世紀初頭にかけてである。本書第5章参照）。

　このことはわれわれが本章の冒頭で英語の5文型に即して見た、音楽の3つのカデンツにそのまま当てはめることができる。専門的には細かく丁寧な議論が必要なところであるが、各カデンツの内部を構成するトニック、ドミナント、サブドミナントをこのP–i–Pに適用すれば、トニック（T）が完全協和音程（P）、ドミナント（D）とサブドミナント（S）は不完全協和音程（i）に相当する。すると音楽の3つのカデンツの協和と不協和の関係は次のように捉えられる。

音楽の3つのカデンツ

　第1型（K1と略記）T→D→T
　　　　　　　　　　P→i→P

　第2型（K2と略記）T→S→D→T
　　　　　　　　　　P–i–i–P

　第3型（K3と略記）T→S→T
　　　　　　　　　　P–i–P

　われわれが先に確認したように、またマークス・ジャンスが述べていたように、ここにおいて、iの部分をさまざまに連続して使用したり、拡張して使用するなどして、iをさらに重ねることは可能である。

しかしこれらのカデンツも基本的には必ずトニックという完全性から始まり、トニックという完全性で終止し、このそれぞれが一つのまとまりを有した3つのカデンツがさまざまに連結されてさらに大きな楽句を作り、そしてそれがまた繰り返すことで楽曲全体が構成される。これこそが西洋音楽の構造の正体であり、このアーキタイプは、確かにジャンスが指摘する通り、この「怠惰な手のペトルス」の文章に確認される。

　もちろんこの文書は1336年に記されたものであり、それ以降の音楽の営みがパレストリーナ様式を通って、モンテヴェルディの革新に至って現在の音楽の姿が揃い、現代に至る、というのはあまりに粗雑な捉え方である。「協和音程」という一つの論点を挙げてみても、ペトルスにとっては不完全であった3度と6度は現在では基本的に協和の範疇に収まるものだし、4度や9度や11度の音程の性質の捉え方、扱い方については時代や国、文化圏、あるいは個々人によってもかなりの相違があり、その把握はいたって困難である。またP－i－Pやクラウズラ、あるいはカデンツによるフレーズ作りにしても、これは歌詞やその内容と緊密に結びついていたものである以上、それぞれの言語の特性とも絡めて考察される必要もある。

　われわれが現在慣れ親しんでいる音楽がいかに形を成してきたかを知るにはこのあたりの事情をつぶさに押さえていくことが必要である。しかしこの課題は専門書が担うべきものであろうから、本書では以下の点を今一度確認したい。

　つまり9世紀頃から始まった多声音楽の営みは、クラウズラと呼ばれる音楽の一つのまとまり／フレーズを作成しようとする志向性や、また現在知られる限りでは、14世紀中葉の怠惰な手のペトルスによる完全性と不完全性という区分けの視点に基づいたP－i－P原理の叙述などを足掛かりとして、ある種の音楽の運行が形成されていった。この延長線上に現代のわれわれの音楽体験がある。すなわち、カデンツ内部、あるいは楽曲内部で時間の流れに沿って協和和音と不協和和音を継時的に連ねていくあり方が模索されたが、その際、楽句は安定性を有する完全性から始まり、不安定な不完全性を経由して、また必

ず完全性へ至って安定する、という基本行程が確立されるに至った。このままでは限界のあるこの構造に風穴を開け、音楽のあり方にさらなる可能性をもたらしたのがモンテヴェルディであった。

　この協和P−不協和i−協和Pの連なりという構造を有した音楽は、ジャンスの言っていたように、「マショーからマーラー」まで（頭韻を踏んだ表現になっている）というパースペクティヴで捉えることはもちろん有効である。しかし、われわれが本章で見たように、21世紀に至るまでの楽曲の多くが3つのカデンツで分析できるということは、このP−i−P原理の音楽は現代のわれわれにまで確実に継承されていることを示している。この完全−不完全−完全の図式から分かる通り、不安定な不完全性は必ず完全性へと回収されるものであり、逆に言えば、必ず完全性のPがしかるべき場で担保されているのが、われわれの音楽なのだ。この「予定調和」の世界がわれわれの音楽体験のほとんどを支配下に置いている、という事実をP−i−P原理やカデンツは示している。

第3章　西洋音楽における半音と三全音
——予定調和のための塩と悪魔

（1）西洋音楽における半音という存在

　この章では視覚的に捉えられること（あるいは捉えられないこと）に
こだわって論を進めてみたい。まずは、現代のわれわれにとっては馴
染み深いピアノの鍵盤である。

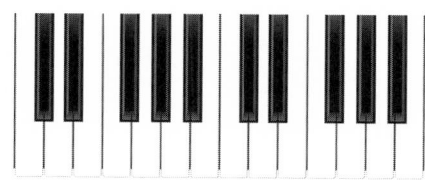

　あまりにも見慣れてしまった、白鍵と黒鍵から成るピアノの鍵盤で
ある。そして白鍵の部分だけを弾いていけば「ドレミファソラシド」
でハ長調の音階が奏でられることもわざわざ言うまでもないだろう。
しかし考えてみればおかしいとも言える。本書では「音律」の問題に
言及することはできないが、西洋音楽に多少とも通じた読者であれば
このドからドへの1オクターヴの音程幅を現在では12に等分割して
諸音が配列されている"平均律"が一般的に使用されていることをご
存知のことと思う。であれば、純粋にこの1オクターヴ幅を12に均
等に分割した鍵盤の配置の方が理にかなっているとも言えるし、ある
いはすべての鍵盤が半音同士で隣接する並びの方がその12等分割を
最大限に活用したことになるとも言えるはずだ。なぜというに、グラ
ンド・ピアノにしても、アップライト・ピアノにしてもふたを開けて
弦が収納されている部位をのぞいてみると、そこには弦の直径が太い

ものから細いものが左から右へと規則正しく張り巡らされている。そしてピアノは楽器としては打楽器に分類されるので、その弦を打ち鳴らす88のハンマーが設置されているのが確認されるだろう。それらのハンマーはただ互いに半音の間隔を保って整然と並べられているにすぎず、その並びに差異はない。

　しかし上掲の通り、人間の手が直接触れるピアノの鍵盤というのは、ミとファの間、そしてシとドの間には黒鍵はなく、白鍵が隣接するような作りになっている。他の隣接する白鍵の間には黒鍵があることによって全音の音程幅になっているのに、ミ・ファ、シ・ドの間に黒鍵は設定されずに、これらの音程は互いに半音の音程幅で並び合っている。いくらわれわれにこの並びが当たり前のものとなっているとしても、1オクターヴ間の諸音の並びが絶対にこうでなければならないという法はないはずだ（事実、世界の諸音楽の音階というのは実に多様な姿を見せているのだから）。

　西洋音楽の長い歴史において先人たちは、この音階の配列というテーマに関して多大な労苦を重ねてきた。このテーマに関しては他にも関連する難しい問題があるのだが、以下ではこの音階という存在に「半音」と、そして「音楽の悪魔」と呼ばれた「三全音」という音程幅を絡めながらアプローチして、西洋音楽の構造の重要な一端を確認してみたい。事実、西洋音楽の歴史というのは一面で、この半音の存在と布置にどれだけ腐心してきたかの記録とも言え、ここに三全音（これは3つの全音が連続する音程幅〔例えばド⇔ファ♯、ファ⇔シなど〕のことである。「本書の基本理解のために」参照）を加味することで西洋音楽の一大特徴を浮き彫りにできると考えるからである。

（2）音階を構成する音程──全音、半音、四分音

　西洋音楽史の記述の定番を踏まえておくことにしよう。西洋音楽が史実として語られるためには当然何らかの資料が残っていなければならない。そうした理由で西洋音楽史の本でよく挙げられるのがエウリピデス作のギリシャ悲劇『オレステス』のコロス（合唱）断片と《セ

イキロスの碑文》である。まずそもそもの前提として、これらが楽譜であるという認識を持つところから始められなければならない。

　『オレステス』は紀元前408年の作と考えられている。このコロス断片の音楽もエウリピデス自身が書いた可能性が指摘されているが、この断片部はその冒頭の節の歌詞から《カタロフィーロマイ》と呼ばれることもある。内容としては父親の仇討ちの運命から逃れられないオレステスの境遇を嘆く、悲嘆の歌となっている。

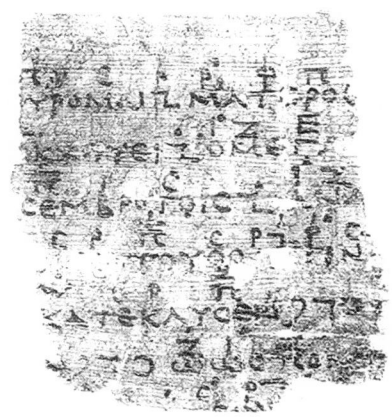

エウリピデス作『オレステス』
コロス断片 Pap. Vienna G2315

《セイキロスの碑文》デンマーク国立博物館蔵

　《セイキロスの碑文》は完全な形で現存する楽譜としては最古のものとされている。おそらく紀元後1世紀頃のものと推定される、墓石中に刻まれた墓碑銘であり（写真参照）、そこに刻まれた文章からセイキロスが妻エウテルペに宛てて作曲したものと考えられている。現在の五線譜とはまったく異なる、文字によって音高を示す文字譜である。

　これら2つの例が興味深いのはこれらの文字譜で留め置かれたこの時代の音楽では、現在で言うところの全音と半音だけでなく、四分音

diesis[(12)]、つまり半音のさらに半分の音程までもが音楽の構成音として捉えられていたということである（ただし《セイキロスの碑文》の楽曲そのものの中には四分音の音程は使用されていない）。

　例えばドとレの間は、現在の西洋音楽ではド♯（あるいはレ♭）の半音１つによって介在されているが、しかし当時のギリシャ音楽ではドとド♯の間のさらに半分の音が、楽曲を構成する要素として使用されていたということである。四分音に関しては本書後半でもう一度注目しようと思うが（本書第４章）、前述の通り《セイキロスの碑文》にはこの四分音は登場しないのだが、《カタロフィーロマイ》ではその使用例が確認される。現代ではインターネットの検索で容易にその音楽に触れることができるだろう。

　このようにもとをたどれば、西洋音楽も半音と全音だけを音楽の構成要素としていたわけではないことが確認される。考えてみれば別に「音楽」という「音の組織化」を図るのに、その素材が半音と全音だけでなければならないということはまったくないし、実際20世紀になってヴィシネグラツキー（Wyschnegradsky, Ivan Alexandrovich. 1893–1979）やアイヴズ（Ives, Edward Charles. 1874–1954）といった作曲家がこうした四分音の登用を図ったことは音楽通の方であればご存知であろう。こうした実例は音楽のあり方や可能性に今一度思いをはせる契機になるだろうが、歴史的事実としてはこうした四分音の存在は、音律や調律の分野では看過されない重要なものとしてその後も考察の対象となっているものの、音楽実践の領域においては自らの場を失っていくことになったことが確認される。しかし１オクターヴの音域を12分割した半音からのみ構成される今の音楽のあり方というのは当たり前でも不変のものでもなかったということは踏まえられるべきである。

（３）グイド・ダレッツォと階名唱法（ソルフェージュ）の伝統

　以下で注目するのは、これも西洋音楽史では必ずと言っていいほど言及される一人の修道士と彼の一連の著作である。それは『ミクロログス（音楽小論）』などを残したグイド・ダレッツォ（アレッツォのグ

イド）であり、"元祖ドレミの歌"を残した中世の修道士として記憶されている方もおられるかもしれない。2018年にグイドの一連の著作とそれらに関する付属論文が収録された邦訳が発表されたことにより、現在では日本語でもグイドについて相当の知識を得ることができる。

　確かにグイドと言えばut、re、mi、fa、sol、laといった当時の音名（これは6音から成るのでヘクサコルドと呼ばれる）が効果的に配された《Ut queant laxis》が何より有名であろう。

VT queant laxis REsonare fibris
MIra gestorum FAmuli tuorum,
SOlve polluti LAbii reatum,
　　　Sancte Joannes. (Ozanam：645)[13]

　上掲の譜例では音名が分かりやすく大文字で配されているが、まさに"ドレミの歌"と同じように、utという歌詞の部分にはutの音が、reという歌詞の部分にはreの音が相当するように作曲がなされており、音名と音高を記憶するための助けとなっている。ただし、前述の邦訳書でも詳しく解説されている通り、グイドがこの曲を考案したことは確かだとしても、この一事をもってしてグイドを"階名唱法（ソルフェージュ）の創始者"とするのは早計とされるべきである。この点は本書でも後述する"グイドの手"と関連するし、詳細に関しては前述の邦訳の参照を勧めるが、この《ヨハネ賛歌 Ut queant laxis》でのグイドの意図と、その後18世紀まで広く標準的なものとして使われることとなる階名唱法との間には乖離（かいり）があるからである。しかし、グイドがこの曲の「ut、re、mi、……」を後進に伝え教育する目的で作成したであろうことは踏まえられるべきであろう。

　この点は強調されてしかるべきだが、グイドが一連の著作や楽曲を書いたのは理論的考察を残すためではなく、あくまでも教育目的であった。むしろグイドは教育に役立たない思弁的理論を嫌っていた。

そのことは例えば『ミクロログス』の"序文"に相当する部分に明白にグイド自身が綴っている。グイド曰く、彼にとっての主眼はいかに少年たちが聖歌を歌えるようになるかにあるのであって、

> 歌い手たちに役立つと信じるいくつかの事柄を可能な限り簡潔に述べることにした。もちろん歌唱にあまり役立たず、議論されていても理解できないような音楽[の問題]については言及しない。学習が進む者がいるのであれば、たとえ反感を抱く者が出たとしても、私の関知するところではない。(グイド：7)

と明記している。この実用面重視の姿勢こそグイドの業績を支えていたものとして留意されるべきである。ここで先ほどの《Ut queant laxis》にもう一度言及しておけば、グイドのこの楽曲に込めた意図はどこにあるかと言えば、それはちょうどミュージカル映画《サウンド・オブ・ミュージック》において主人公の修道女見習だったマリアが家庭教師先のトラップ大佐一家の7人の子供たちにギターを弾きながら、「ドレミとはこう歌うものよ」ということを示すためにオーストリアの緑あふれる山々を背景に《ドレミの歌》を即興で歌ってみせたのと同じように、それに先立つこと約900年前に、グイドはこの《Ut queant laxis》を作成したのだった[14]。

このようにグイドは明確に修道院における教育目的をもって音楽に取り組んだものであり、彼の方式が成功を収めたことは彼自身が自著の中で繰り返し自賛しており、こうした業績が認められてグイドはローマ教皇ヨハンネス19世を訪問するまでに至った。したがって彼の教育法には称賛とともに嫉妬もあったと推定されることが上記邦訳書でも指摘されている。

さて半音というテーマに関してこうした教育者グイドにまつわる点を2つ確認しておこう。一つは他でもない、当時の楽譜のあり方である。先にわれわれは古代ギリシャのアルファベットが使用された文字譜の様子を見たが(71頁)、その後"音楽"をどのように記録し、留め置くかという記譜のあり方に関してはさまざまな試みがみられた。

実際のところ神を讃えるべき聖歌に、人が下手に手を加えて変形することはあってはならない冒瀆であり、正しく朗唱されることが必須であった。したがって聖歌をいかに記譜するかということは当時の修道士たちにとって決して小さな事柄ではなかった。教育者としてのグイドの懸案はこの点だった。彼の『アンティフォナリウム序文』というテクストはその名の通り「神の助けをもってこのアンティフォナリウムを記譜することにした」（グイド：80）グイドが、この記譜のあり方についての注意点を述べたものである。

　このテクストの中で一つ注目すべき点として、グイドが楽譜の中で横線を使うことを推奨していることが挙げられる。現代の五線譜に慣れ過ぎたわれわれにとっては音楽を留め置くのに横線を使うことはあまりに当たり前になってしまっているが、本書に掲載した数少ない譜例を今一度確認するだけでも、音楽を残すのに横線を用いるということは決してスタンダードではなかったと分かる。そうしたなか教育者グイドは、横線は次のように使われるのがよいと説く。

> 　それぞれの音（ソヌス）が聖歌（カントゥス）の中で何度繰り返されようとも、常に1つの固有の位置の中に見出されるように、音（ヴォクス）は配置されている。その位置がよりよく見分けられるように、間隔を詰めて線を引き、ある音（ヴォクス）の位置はちょうどその線上に、別の音の位置は線と線との間、つまりその中間にくるようにする。（同掲書：80）

　音楽を表記するのにその横線は必ずしも5本である必要はなく、1本でもいいし、また4本や6本の楽譜が広く用いられていた時代や文化圏もあった。それはおくとして、ここでグイドが述べる横線の使用法の、1本の線、あるいは1つの線間が、それに対応する1つの音に相当する、という考え方は、現代の五線譜と同様と言える。しかし現代の五線譜が基本的に白地に黒の2色から成り立っているのに対し、グイドはそれでは視覚的効果としては不十分と考えたようだ。つまり楽譜内の線や音符の配置がどれほど完全なものであっても「文字や色が付加されていなければ全く手がかりがなく、意味をなさない。そこで

２つの色、すなわち黄色と赤色を用い、それらの色によって非常に有益な規則を君に示そう」（同掲書：81）。そしてこのための具体策としてグイドが提示するのは以下の方法である。

> 　線上、線間のいずれが彩色されていようとも、どこであれ<u>黄色を目にするところがまさに３番目の文字（C）にあたり、赤色を目にするところが６番目の文字（F）にあたる。</u>（同）

　ここでグイドはCつまりドの音高に相当するラインに黄色を、Fつまりファに相当するラインに赤色を配せよ、と指示していることになる[15]。どうして他の音ではなく、まさしくドとファの音がここで指定されているのか、半音というテーマを想起すればピンとくる読者も多いであろう。現在のイタリアの音楽院での定番の教科書となっている『西洋音楽の歴史』からこの点に関する注解を読もう。

> 　しかし、なぜ特別にドとファの線をこのように目立たせたのか？　グイドは半音の位置を色のついた線のすぐ下に持ってきていた。つまり、黄色はシとドの音程を、赤はミとファの音程を示していた。（中略）<u>半音の位置は中世の音楽理論にとって非常に大切な役割を果たすことになる。</u>（カッロッツォ　１巻：71）

　この後半の下線部の指摘は極めて重要であり、したがって本章でもグイド以降の「半音」の存在を確認していこうと思うが、しかしまずグイドの記譜のあり方に戻ろう。

　この章冒頭でもピアノの鍵盤においてシとド、ミとファの間には黒鍵がないという構造を指摘したが、ここからも分かる通り、ドとファに色付けをしておけばその色の付いた真下の音は半音であることを一目瞭然の仕方で判別することができる。これらの黄色と赤色のラインの下だけは半音が配されていることに意識が行けば、歌唱の際に間違いを犯すことはない。また逆の仕方で重要な点を指摘するならば、半

音への特別な意識がなければこうした色使いの指定になることはない。このように当時にあって楽曲を制作しそれを楽譜として残そうとする側にとっても、また歌唱で実践する側にとっても半音という存在が悩みの種であったことが確認されるだろう。

　ただし誤解のないように付記しておけば、ここに現代の音階音のあり方と同じ半音の配置が見られるからといって、グイドに現代の音楽の音階のアーキタイプそのものがあったというのは正しくなく、グイド以前にも以後にも音階の設定ということに関しては極めて錯綜した歴史があった。そしてグイド以後ほどなくしてこうした彩色の方法は採られなくなり、横線の数も３本から６本などさまざまな実践がなされ、さまざまな変遷を経ながら現代の五線譜へと至

この楽譜は９世紀の《ローマ賛歌》を収録したものとして有名であり、グイドとの直接の関連はないが、ＣとＦの音（左側の"c""f"に注目）のラインがいかに例示されていたかの参考になるだろう。シエナ市立司教座図書館

ることになる。ここでグイドの業績として確認しておくべきは、楽譜に横線を導入したのはグイドが最初というわけではないものの、グイドはその有線記譜法に改良を施し、特に半音を目立たせながら音高の明瞭な表記を試みていたことである。

　それでは次に、これはグイドの直接の業績というわけではないが、後代まで脈々と受け継がれることになった有名な「グイドの手」に注目してみたい。

（4）音階を教える「グイドの手」——潜んでいる半音と悪魔

　まず話を明瞭にするために、「グイドの手」の例をいくつかご覧いただこう。

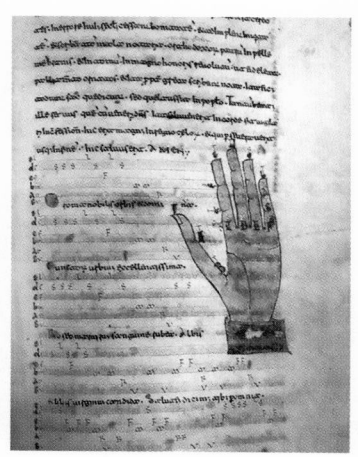

　実際のところ「グイドの手」の表象にはさまざまなものがあり、どれかが決定版というわけではない。そしてこの「グイドの手」は実はグイド自身の創案になるものではなく、彼の理念や考えを継承発展させようとした後代の人たちによって考え出されたのであろう、というのが現在の音楽学の通説となっている。

　まずこれは何なのかということが問題だが、「グイドの手」は音階を把握するための"学習ツール"であった。少し想像してみてほしい。現在のようにさまざまな楽器があふれるように日常にあり、また録音・再生がいたって簡単で、そして今のように多様な媒体を通じて音楽や楽器についての知識を簡単には得ることができなかった、11〜12世紀当時のことを。そして、修道院において毎日の日課である

聖歌を歌うにしても、その学習やメモや記憶のために現在のように紙やペンを簡単に利用することができない当時の修道士見習たちの困難や苦境を。こうした状況の中、では左手を記憶のよすがとして、音名や音程関係を把握できるようにしようではないかと意図されたのがこの「グイドの手」である[16]。この"学習ツール"はその後何世紀にもわたって活用されることになり、「中世後期やルネサンスの音楽の教科書は、このグイードの手の絵を示していないと完全とは言えなかった」（グラウト／パリスカ上巻：89）。また、かのルネ・デカルトも『音楽提要』（1650）の中で言及しているほどであり、この方式で習得されるソルミゼーションの方法は18世紀に入っても（つまり旋法性はおろか、長・短調の音楽の興隆が現実になり始めた時代にも）、一部の音楽関係者から熱烈な支持が表明されるほど影響力を持つものとなった。このツールの利用方法を理解するために下のより分かりやすい図を参照されたい。

　これは先の《Ut queant laxis》と合わせて考えると分かりやすいの

ヘクサコルド

Start

音								音名
c"						sol		C sol fa ut
b♭'						fa		B fa B mi
b♮'								B fa B mi
a'					la	mi		A la mi re
g'					sol	re		G sol re ut
f'					fa	ut		F fa ut
e'				la	mi			E la mi
d'			la	sol	re			D la sol re
c'			sol	fa	ut			C sol fa ut
b♮				mi				B fa B mi
b♭			fa					B fa B mi
a		la	mi	re				A la mi re
g		sol	re	ut				G sol re ut
f		fa	ut					F fa ut
e	la	mi						E la mi
d	sol	re						D sol re
c	fa	ut						C fa ut
B	mi							B mi
A	re							A re
G	ut							Gamma ut

START

（色付けは筆者による）

だが、このガイド版"ドレミの歌"は実はutからlaまでの6音の音高の内部で完結している。このようにutからlaまでの一つのヘクサコルド音階の内部で楽曲が収まっているのであれば問題ないのだが、しかしむしろそれでは楽曲としての限界が厳しく、実際にはこの上のlaをさらに超えて歌曲が続くことは珍しくない（あるいは下のutをさらに下回る可能性もある）。そうすると、このヘクサコルド音階を超える上下の部分をどうしたらいいのかが懸案となる。そのため前頁右図のような設定が必要となる。

すなわち、左から2列目にある音階を下のutから歌っていくとlaのところで限界が来てしまうので、その際にはその右隣の3列目にあるもう一つのヘクサコルド音階を想定しておいて、特に最初の音階のfaの音を次の音階ではutと読み替えることによって（この作業はムタツィオmutatioと呼ばれた）、その次の音階ではもとの音階よりも3音分高い音まで射程に収めることができる。同様の読み替えはこの表の3列目から4列目、4列目から5列目へと順次都合のよい場所でなされることによって音域を広げることを可能とした。

そして本章で重要な焦点である半音について言及しておくと、「特に重要なミーファの半音は4本の指のなす多角形の4隅を占めている」（グラウト／パリスカ：上巻89。上掲の図では対応する場所にそれぞれ色を塗って分かりやすくしたつもりである）。つまり、この4隅に楽曲が差し掛かったときには半音が関係してくることが多いとあらかじめ意識しておくことが、生徒たちの益になるように意図された作りになっているということである。

しかし、そうするとおかしな箇所が1つある。問題となるのは小指の先端の箇所である。これは右側の一覧の図の方が分かりやすいが、紫の四角で囲った欄には、♭と♮の2つの表記が見え、♭の方にfaが、♮の方にmiが設定されている[17]。これは同じ音階音に相当する音に、現代風に言えば臨時記号を付すことによって半音の上下動をさせる音を意味している。しかしこの措置は何のためなのか？　このように半音の音程幅で異なる2音を設定しなければならない理由は、実はここに"音楽の悪魔"（Diabolus in Musica）が潜んでいるからで

ある。“悪魔”などという言葉を出されていぶかる向きもあるだろうが、しかしこれはいたって真剣な話であり、これがこの章の冒頭で触れておいた“三全音”の音程幅に関わってくる。

　繰り返しだが三全音とは3つの全音が連続する音程幅のことであり、上掲左図では小指の付け根のところ（オレンジ色）はfaに相当するが、そこから現代の音階名に従ってfa–sol–la–siと歌ってしまうと、そこにちょうど三全音が生じる構造になってしまっている。しかしこのfaからsiへの三全音の音程幅というのはキリスト教内部では「悪魔の音程」として忌み嫌われていた。この音程が鳴り響くと“悪魔が来る！”と敬遠されていたのである。したがって、この三全音を登場させないために、このsiに相当する音を半音下げて歌われることが是が非でも必要であった。しかし、このあたりの音程で歌っている際に右隣の音列に読み替え／ムタツィオがなされた場合、三全音の音程幅が登場することはないので半音下げずに、現代風に言えば♮の音程で歌われるべきである。この箇所に2つの音名が記されているのはこの理由であり、小指の先端は特に要注意箇所であったわけである。

　しかし“音楽の悪魔”といってもピンとこないのは当然であるので、ここで一風変わった、しかし極めて印象的な例を一つ挙げてみたい。それは中世の奇才画家の一人、ヒエロニムス・ボスの代表作『快楽の園』である。

　西洋美術史でも有名な、謎に満ちた大作であり、もちろん筆者にヒエロニムス・ボスについて詳細かつ専門的に語る力はない。したがってこの中に登場する音楽の論点にだけ特化したいが、問題となるのはこの作品の右翼扉である。この右翼扉は明らかにカオスというか、地獄のイメージであり、見ているだけで不気味で痛々しい。ここには各種さまざまな楽器が描かれており、どうやら音楽による拷問が行われているように見える。これは音楽に携わる者にとっては考えさせられることが多いが、本章との関わりにおいて注目すべきはこの右翼扉の中央からやや下部において、楽器の下敷きになって臀部だけ露呈している人（？）の部分である。この臀部には楽譜が書かれているのだが、この楽譜内で使用されているのが“音楽の悪魔”、つまり三全音

ヒエロニムス・ボス作『快楽の園』とその一部の
拡大（右）

　の音程である。日本では2017年に公開されたこの絵画のドキュメン
タリー映画『謎の天才画家　ヒエロニムス・ボス』の中で、指揮者の
レオナルド・ガルシア・アラルコンは、この楽譜内で使用されている
音程のいくつかを実際に歌唱してみせ、最後に三全音の音程を歌った
後に次のようにコメントする（DVD版では1：06頃）。

今のが絵の楽譜の音程で、"音楽の悪魔Diabolus in Musica"と言われている。これは使ってはいけない音程なんだ。間違いなくこの部分は音楽家と一緒に描いている。

　この「使ってはいけない」とされている音楽の悪魔である三全音が上述のように楽器に下敷きにされた人間の臀部に描かれているのだから、この音程がいかに忌み嫌われていたかをこの『快楽の園』は視覚的に雄弁に表わしていると言えるだろう。しかもこの臀部の右隣で同じく全裸で寝そべっている男はこの楽譜を指さして苦しんでいるようにも、ほくそ笑んでいるようにも見え、その男の両肩には人間のものとは思われない何者か（悪魔？）の黒く細長い指が掛かっている……。
　いずれにせよ、この三全音が使用を認められない禁じられた音程であることがこの『快楽の園』という美術作品にも見いだされる。付言しておけば、現代の和声学でも三全音を含む増音程の音程幅の旋律ラインにおける移行は禁則事項の一つである。したがってこの禁則を逆手にとって不気味で邪悪なものなどを表現したいときに、作曲家たちはこの音程幅を利用したりした。三全音はラテン語でTritonus、つまり「三つの（Tri）全音（Tonus）」として書き表されてきたが、この語の使用例は中世期に書かれたもっとも重要な理論書の一つ『ムジカ・エンキリアディス』（９世紀、作者不詳）にも確認され、この中では特段にこの音程幅が禁止されていたというわけではない。しかし他でもないグイドの主著ともいえる『ミクロログス』の中に、彼がこの音程を認めていなかった文言ははっきりと読むことができる。以下はグイド自身の言葉である。

　　丸いb（b♭のこと：引用者注）はどちらかと言えば正規のものではなく、付加的なもの、あるいは柔らかいものと呼ばれ、Fと協和する。これが加えられたのは、Fがそこから４番目のb♮とはトリトヌス（三全音）隔たっていて、協和することができないからである。ただし、同一の旋律句において、b♭とb♮を併用してはならない。（グイド：16　一部表記を変更した）

この引用から分かる通り、グイドはＦから三全音離れた音程が不協和であるという理由で使用を認めておらず、付加的な丸いｂ（これがｂの記号の先駆とされる）によって半音下行させることでＦと協和させることが意図されている。先に指摘した、「グイドの手」の左手の小指先端に２つの音程があてがわれていたことの意義はまさにここにある。『ミクロログス』の中では"悪魔"という言葉は使われていないが、グイドが三全音の音程を忌諱（きき）していたことは明らかである。そしてこの三全音の音程幅の移行禁止の伝統は、"音楽の悪魔"として後の時代に脈々と受け継がれていくことになる。

しかし、この"音楽の悪魔"とは実は、われわれは別の形ですでに本書の中でも顔を合わせている。それは他でもないアルトゥージとモンテヴェルディの論争の際に焦点化して注目した「属七の和音」の中においてである。グイドや初期キリスト教会内部で禁則とされたのは、メロディー・ラインにおいて三全音の音程を移行することであったわけだが、属七の和音の中にはこの三全音の音程が縦の同時的鳴り響きの中に構造的必然として含まれることになっている（ソ・シ・レ・ファの中の「シ・ファ」は「ファ・シ」という三全音の転回音程である）。この属七の中の"音楽の悪魔"とは、本章の最後にまた"半音（導音）"という論点を加えて、もう一度再会することになるだろう。

（5）目に見えない動く半音──ムジカ・フィクタ

ここまでは鍵盤のあり方や楽譜、そして「グイドの手」など、視覚的に依拠できるものを頼りに論を進めてきた。それではここで別の文脈で重要となる半音に注目してみたい。それはある意味今までの例とは真逆なのだが、楽譜上では見いだされることのない、目に見えない半音である。それがこの「ムジカ・フィクタ」と呼ばれる、多少詳細に書かれた西洋音楽史の本であれば中世期の箇所で言及される特別な用語である。

これを現代のわれわれの理解に近づけた形で説明すると、「楽譜に表記されない半音の上下動のこと」といった程度にまず解されるのが

よいであろう。「ムジカ・フィクタ」の「フィクタ」は「嘘の・偽りの」といった意味内容を持つが、これはその対義語として「レクタ／正しい・真正の」を持っており、「ムジカ・レクタ」をもととして案出されたと考えられる。つまりもともとあるべき音楽の形あるいは形式として「ムジカ・レクタ」があり、「ムジカ・フィクタ」はその音楽のあり方からはみ出るもの、逸脱するもの、という意味での「フィクタ」であった。

　ではその「真正の音楽／ムジカ・レクタ」とは何であったかと言えば、それこそが「グイドの手」に表されていた6つの音から成る音階／ヘクサコルド音階であった。つまり、そこで記される音階音というのは「ut、re、mi、fa、sol、la」の6音が基本であり、三全音を避けるときにフラットに相当する半音下げた音が必要とされるのみである。しかし例えば楽曲をさらに多様にしたいと思ったときに、これらの"レクタ"の6音だけでなく、例えばutとreあるいはreとmiの間にある半音の音を使用する必要性に駆られたとする。この際に使用が望まれるのはutの♯（あるいはreの♭）、そしてreの♯（あるいはmiの♭）となるわけであるが、こうしたもともとは"レクタ"の諸音に含まれていない音が"フィクタ"とされた。

　これが"ムジカ・フィクタ"の命名の由来とされるが、これは一つの傾向性を明確に表している。すなわち従来の"ムジカ・レクタ"による音楽作成の枠に収まらない、より可能性の広い楽曲制作の志向性が現れたということであり、そのために用いられたのが半音という音程幅だった。逆に言えば、"ムジカ・レクタ"内の音だけで音楽を作ることに充足していられたのであれば、"ムジカ・フィクタ"というアイディアや名称が登場することはなかったはずである。半音の分割によって使用可能な音の数が増えるのであれば、旋律線をより柔軟に、より華麗に設定できることになる。したがって従来では全音の幅のみが使用されていた音程幅をさらに半音に分割して、使用できる音の数を増やしたい／増やすべきだという欲求こそが"ムジカ・フィクタ"が登場する素地であったと言える。

　いずれにせよ半音の上下動が現実のものとされる以上、それは何ら

かの臨時の記号で指示・表記がなされなければならないが、ここで同時に興味深いのは、これらの"ムジカ・フィクタ"の半音は楽譜には必ずしも記譜されることがなかったし、あったとしても現在広く普及している一定の完成度を誇る五線譜においてのように、一貫性をもってなされたわけでもなかった。

　こうした事情にはいくつかの背景が指摘されているが、もちろん不注意やヒューマン・エラーの可能性も指摘される一方で、考えられる理由には以下の点がある。すなわち、当時の記譜者たちにとってやはり第一義的に尊重されるべきは"グイドの手"に表記される"ムジカ・レクタ"、つまりヘクサコルドの６音の方であって、"誤り"や"偽"の音に相当する"ムジカ・フィクタ"の諸音を紙上に留め置くということに倫理的・道義的障壁が感じられたのではないかという点がまず挙げられる。

　また当時の歌唱の実践においては師や先達たちから後進に直接教育されるのが常だったわけであり、そうした確固たる口承伝統の中では当然"ムジカ・フィクタ"に関しても具体的な指導が直接なされていたことからして、必ずしもそうした半音の上下動が楽譜に記載される必要性がなかったと考えられる。この点をさらに進めると、当時の歌い手たちはそのように"ムジカ・フィクタ"を判別するトレーニングを受けたものであるから、むしろ楽譜上にそうした"当たり前"のことが書かれるのは侮辱とも受け取られる可能性があったことも要因として指摘される点である。

　こうした"ムジカ・フィクタ"の実践は、時代を経るに従い、さらに使用可能な音の選択肢を増やして表現を広げたいという欲求と相まって、即興的に半音の上下動を行うという慣習と結びついたり、あるいは構造的にこうした半音のあり方を定着させ、定式化させる方向性へと展開していくこととなった。後者の方向性において、特にこの半音の上行の動きが"導音から主音"への限定進行として形となっていくことで現代の音楽にとっても決定的な重要性を有するに至ることを、本章の最後で"音楽の悪魔"とともに、モンテヴェルディの《つれないアマリッリ》でもう一度着目しようと思う。

その前に、それではこの目に見えない"ムジカ・フィクタ"の出現はどのくらいまで歴史をさかのぼれるかという問題だが、この点は事情がいささか錯綜しており、半音のあり方に絡めて"フィクタ"や"ファルサ（falsaと綴られ、フィクタと同義で用いられていた）"といった語を用いて言及していたのは13世紀のヨハネス・デ・ガルランディア（Garlandia, Johannes de. c.1270–1320）やランベルトゥス（Lambertus ［Pseudo-Aristoteles］. fl.c.1270）らのテクストが最初期のものとされている。その一方で、リヨン音楽院等で教鞭をとったジェラール・ゲイ（Geay, Gerard. 1945–）は2007年に発表した論文「17世紀のフランス多声音楽の編纂」（Geay 2007）において、上でわれわれが確認した意味での"ムジカ・フィクタ"のもっとも古い理論的テクスト（つまり単なる言及にとどまらず、具体的解説を加えたもの）は、"怠惰な手のペトルス"による例の「計量歌曲提要 Compendium de discantu mensurabili」（Petrus 1336）だと指摘している。

「計量歌曲提要」の内実についてはすでに本書内で言及し、特に同書第2章が"ムジカ・フィクタ"に充てられている点も一筆しておいた。実際のところこの第2章は"ムジカ・フィクタ"の定義と具体的な使用例が挙げられている点で極めて貴重なテクストである。まず冒頭で綴られている定義に関する箇所を必要な部分だけ訳出しておく。

　　さて第1章では単旋律ディスカントゥスについて扱ったので、いまやわれわれには"ムジカ・ファルサ"を取り扱うことが残されている。まず第一にディスカントゥスのすべての種別は、ユニゾンと短3度を除き、半音の欠落のために不完全な状況にあることが見いだされる。そしてこの時に"ムジカ・ファルサ"を通じて完全になされることが必要とされなければならない。（中略）"ムジカ・ファルサ"とは、単旋律歌曲の技法に従った音階の手 Gamma manus の中には見いだすことのできないものである。（中略）あるいは、"ムジカ・ファルサ"というものは助けとなるために考案された、本来的にはなかった知識のことである。というのも"ムジカ・ファルサ"は半音の欠落のために考案されたか

らだ。(Petrus：10 – 11)

　第２章冒頭の数行にすぎないが、この箇所だけでも "ムジカ・ファルサ" と半音の重要性を強く認識せざるをえない文章である。この文字テクストだけでは判然としない箇所もあるが、まずともかくムジカ・ファルサは「音階の手」の中には見いだされないとある点に注目しておこう。この「音階の手」こそグイドの手のことであり、逆に言えばグイドの手の中に収められている諸音から成る旋律にはムジカ・ファルサは関与しないことが分かる。そしてまた「半音が欠落」しているからこそムジカ・ファルサは考えつかれたということであるので、これもまた逆に言えばその半音の欠落を埋めることが必要であるという意図が見られる。そしてこの冒頭部につづいて怠惰な手のペトルスは具体的に譜例を挙げて複数の事例を検討するが、その中でもペトルス自身、３度と呼ばれる種別が半音をまず第一に必要とすると指摘している。そして実際、この３度に関するペトルスの説明がムジカ・ファルサの理解にはとても助けになるので、それを譜例⑫で参照してみよう。

譜例⑫　(*ibid.*)

ディスカントゥス

テノール

ディスカントゥス

テノール

　怠惰な手のペトルスは３度に関して上の２つの譜例を挙げている。そして両方の譜例とも良好な旋律として提示されており、前者にはま

ったくムジカ・ファルサがない状態、そして後者はムジカ・ファルサを具体的に例示している、という意味でこの3度の例は極めて分かりやすくムジカ・ファルサのあり方を教示している。念のために前者の譜例には最終小節の第一音のシにフラットが付いているが、これは例の「グイドの手」の小指先端に「シ♮」と「シ♭」の両方がそもそも設定されていたことを想起されたい。つまり、前者の譜例の音符はすべて「グイドの手」の範疇内に収まっている、ということがまず重要である。この点を踏まえたうえで、前者の譜例に関するペトルスの注解を読もう。

> どこであれ短3度が見いだされるところで、そしてもしこの短3度がダイアトニックに下行してユニゾンへと移るとき、このときはムジカ・ファルサは必要とされない。なぜなら3度は助けを必要としている状態にないからだ。それは以下の通りである。（*ibid.*）

といって前者の譜例が続いている。ここでペトルスが意図していることは明瞭であるが譜例に追記する形でその意図を確認しよう。

譜例⑬

この通りに、この譜例ではユニゾンは2回登場するが、そのいずれのケースにおいても先行する音程は短3度で、ここから①のケースでは上声部が半音下行、②のケースでは下声部が半音上行している。したがって、そもそもこうしたケースにおいては半音の音程幅を通じた

旋律線の移動が担保されているので、わざわざ半音の変化が必要とされない、というのがこの譜例を持ち出すペトルスの意図である。それでは次にムジカ・ファルサが明示されている問題の後者の譜例に追記したものと、ペトルス自身の注解を引用する。

　　　（前者の譜例を引き継ぐ形で：引用者注）しかしもしディスカントゥスが上行し、そしてもしそうすることによってこのディスカントゥスが５度あるいはディスカントゥスの他の種へと移行するのであれば、そのときこのディスカントゥスの不完全な種別（つまり短３度のこと：引用者注）は半音を補うことによって完全にされなければならない。そうするとこの時、これはもう短３度ではなく、完全な長３度である。そしてこの長３度はこのように音程を上げられる音符の前に置かれたムジカ・フィクタの記号とともに使用されるべきである。（*ibid.*）

譜例⑭

　ここで純音楽理論的見地からすると、西洋音楽史においては３度という音程幅は極めて厄介なもので、ここでペトルスが短３度は不完全なものとして認識している一方、長３度にはperfectusという形容辞を付し、完全なものとして見なしていることはかなり問題含みで、注目に値する箇所ではある。しかしこの点はおいておいて、以下ではこの譜例の内部を確認することにしよう。ここにペトルスの意図を書き込んでおいたので、その内容を見ればそれが理解されるはずである。
　あるいは次のような言い方ができると思うが、ペトルスの真意を推し量るためには、この譜例に登場するすべてのシャープの臨時記号を

削除したものを想定してみるとよい。するとそこでの旋律の音程の推移は全音の音程幅になってしまうはずである。そしてこのメロディー・ラインの運行は、半音を通じてのメロディー・ラインよりもぎこちなく感じられる、という意識がペトルスにはある。この全音の推移がよろしくないと判断されることを、ペトルスは「半音の欠落」という不完全性と表現しているわけであり、したがって、この不完全性はムジカ・ファルサによって救済されなければならない。ここにこそムジカ・ファルサの存在意義があるのであり、この譜例にあるようにムジカ・ファルサの半音によってメロディー・ラインを滑らかにすることが可能になるのだ。

　しかしこのことは範型となるべき「グイドの手」のあり方を逸脱することになってしまう。したがって多くの記譜者たちがこの半音の記号の使用をためらったことは確かに考えられることであるし、また上記のような旋律線が想定されることは教育とトレーニングによって体得されるもので、確かにわざわざ記譜されなくても実践は可能であったことも容易に推測される。それゆえに、前述のように、ムジカ・フィクタあるいはムジカ・ファルサは多くの場合、楽譜に記載されることはなかった。しかしこの目に見えない半音がここまで問題にされたということは、むしろ逆にこの半音の存在の大きさを物語っているはずである。こうした「可動半音」というアイディアと実践は後の時代に着実に引き継がれていき、その一つの発展形が「導音」へと連なっていくことをこの後確認してみたい。

（6）ザルリーノが強調する音楽における“塩”
——導音から主音への半音

　先にグイドの主張する楽譜のあり方（FとCのラインに色付けをする）を検討していた際に、イタリアの音楽院での定番の教科書とされる『西洋音楽の歴史』において、「半音の位置は中世の音楽理論にとって非常に大切な役割を果たすことになる」と述べられていたことを確認しておいた（本書76頁）。ここで中世最大の音楽理論家の一人とされるザルリーノの主著『調和概論』（1558。再版1573）に着目して

みよう。

　ザルリーノは西洋音楽史において極めて大きな業績を残した一人だが、ここで本書に関わる点を中心に彼のプロフィールを簡単に概観しておこう。ザルリーノは前任者のアドリアン・ウィラールト（Willaert, Adrian. c.1490–1562）やチプリアーノ・デ・ローレ（Rore, Cipriano de. c.1515–1565）の後を継いでヴェネツィアの聖マルコ大聖堂の楽長に任命され、終生その任を全うした。16世紀において対位法理論を主導したとされるが、これは内容的にはウィラールトの作曲の方法を対位法的書法の規範として確立したことに結実したとされる。本書の内容に引きつけて言えば、われわれはモンテヴェルディに対置する形でパレストリーナを取り上げ、パレストリーナの実作品を見ることで「第一作法」の実践を確認した。ではこの「第一作法」の理論面はと言えば、それはまさに『調和概論』をはじめとするザルリーノの諸著作で具体的に詳述されているものであり、したがってなおさらザルリーノの忠実な弟子であったアルトゥージはモンテヴェルディを師の理論からの甚だしい違反と見て敵視したわけであり、彼の批判の鋭さと激しさは師の擁護を意図してのことでもあったわけである。また特にザルリーノの『調和概論』は全4巻からなる大作であり、思弁的理論と実践的理論の統合を成し遂げた書として記念碑的著作であり、後に和声学の基礎を築いたとするラモーも『調和概論』から多数の引用をしている。

　『調和概論』は前半2巻が思弁的理論の、そして後半2巻が実践的理論の考察に充てられており、特に第4巻では12の旋法性の説明が扱われている点は本書でも後に扱うことにする（第4章）。さて「半音」という論点に関して、以下では『調和概論』の第3巻に注目してみる。この第3巻は実践面に関わる非常に具体的な記述に富み、80章から成る大部のもので、基本的な音部記号や音符、諸音程に関する説明から、それら諸音程間の移行について、対位法やフーガ、カデンツ、音律の諸問題などについての極めて詳細で具体的な譜例や説明が続く。われわれのここでの眼目は「半音」であるので、この点に関する具体的な説明がなされている第10章「不完全協和音程の特性と本

性」の内容を見てみることにしよう。

　まずザルリーノの西洋音楽理論史上の重要な革新として、従来のピュタゴラス（派）のテトラクトゥス（「四つの数」といった意味）による協和音程の定義を、senario ／ 6 数によってさらに拡大したことが挙げられる。すなわちここで言われる「不完全協和音程」とは長・短 3 度と、長・短 6 度のことである(18)。

　以上を踏まえたうえでこの第 3 巻第10章の内容を踏み込んで見ていこう。ここで扱われる不完全協和音程については以下のような特性があるとザルリーノは言う。

　　　それらの音程の両外声は、より遠い完全協和音程というよりも、もっとも近い完全協和音程の方向への傾向を有する。というのも、すべてはそれができる限りもっとも早く、もっとも良い方法で完全性を獲得する方向を自然に有するからだ。したがって、不完全な長音程は拡大することを望み、そして不完全な短音程は逆の傾向性を有する。（Zarlino 1558：156–157）

　この引用箇所は、実はP–i–P原理の、特にi–Pの部分のザルリーノなりの説明になっていることが確認されるだろう。ここにもある通り、ザルリーノも不完全性は完全性を目指して運行するものであることを主張しており、別の箇所（第27章「作曲が主に協和音から、そして付随的にのみ不協和音からなされるべきこと」）では「作曲はまず第一に協和音から行われるべき」であると主張し、不協和音から協和音への移行はあたかもそれが闇の後の光、あるいは苦みの後の甘みのように快いと言葉で説明している。そしてさらに、これらの不完全性は、遠くの完全性ではなく、もっとも近距離にある完全性へと収斂する、とある。この第10章には具体的な譜例がないのだが、第38章「いかにある協和音程から別の協和音程へと移行するか」には多数の実例が挙げられている。これらの実例の中には詳細な検討を必要とするものも含まれているのだが、ここでは理解の助けとして上記引用箇所の主旨が明瞭に表れているものを抜粋して掲載する（譜例⑮）。

譜例⑮

上述の通り、この不完全性から完全性への移行はさらにさまざまな
ケースが可能であり、実際の楽曲ではそうしたさまざまな移行が実施
されているが、しかしザルリーノがここで意図しているのはこれらの
基本的な諸音の運行、特にこれらの運行には必ずいずれかの声部で
「半音」が介在していることに注目されたい。この「半音」の存在こ
そが、ここでのザルリーノの主張の核だからだ。もう一度第10章に
戻ってザルリーノの説明を読もう。

　　　長３度と長６度は５度とオクターヴへと拡大する傾向を持ち、
　　短３度と短６度はユニゾンと５度に収縮する傾向を持つ。これは
　　音の判断に関して経験を有するすべての音楽家たちに明らかなこ
　　とである。なぜならこれらすべての運行には半音という音程が関
　　係しており、この半音というのは、まさに塩、味を調えることで
　　あり、すべての良き旋律と調和の原因だからである。この半音が
　　なければ、調和の進行は耳にとってほとんど堪えがたいものであ
　　ったろう。（*op.cit.*：157）

　本章ではここまで半音の存在に注目してきたが、ここに至って半音
に極めて興味深い形容が付されたことが確認される。半音は音楽にと
って絶対的に必要な調味料なのであって、この塩がなければ音楽は賞
味に堪えない。そう考えれば古来西洋音楽の長い歴史において半音の
布置に大勢の音楽家たちが腐心してきたこともうなずける。そしてこ
の見立てを約150年後のラモーもそのままそっくり継承するのであ

る。というのも『和声論』第2巻「和音の本性と特性について」第5章において、上で言及した『調和概論』の第10章と第38章の内容を自分なりに捉えて、次のように書くからである。ここでは特にラモーが3度の音程に関して焦点を当てて述べていることに注意されたい。

> これら3度の進行に関してザルリーノは次のように述べている。「長なるものは長になることを希求する。つまり上行する。そして短なるものは、下行する。これは正しい判断力を有する熟練の音楽家たちにとっては明白なことである。なぜなら上声部においてなされる進行というのは、半音の幅でなされるものだからだ。半音というのは、（こう表現してよければ）塩であり、良き調和と良き横の並び（モデュラスィヨン）の装飾であり契機であるからである。このような横の並びは、半音の助けなくしてはほとんど耐えがたいものになるだろう。」（ラモー：68）

多少の差異はあれども、ほとんど全面的なザルリーノの趣旨の反復である。またこの引用末尾の、"音楽には半音という助けが必要なのだ"という認識は、実は怠惰な手のペトルスからの継承ともいえることが確認されよう。このように半音の重要性は近代和声学にも確かに受け継がれた。というのも、ラモーはまさにこの『和声論』第2巻第5章に続くくだりで、この長3度と半音の論点から「導音」へと考察をシフトさせていくからである。

現在のわれわれの音楽体験においても「導音」は極めて重要な役割を果たすもので、多くの読者にはすでに馴染みのものであるだろうが、念のために説明を加えておくと、導音とは任意の音階を上行していく際に、最終到達点である主音の半音下に位置する第7音のことである。具体的に明示しておけば、ハ長調の「シ⇒ド」のシが導音である。その音階が短調のものである場合には、その自然短音階では第7音は主音の全音下（つまりシ♭）に位置しているのでこれは導音ではない。臨時記号を用いた可動半音によって、主音の半音下に位置づけられるように操作されて（つまりシ♭に♮を追加することによって）導

音となる。これらの導音は基本的に主音への半音上行が義務づけられており、こうした義務づけられた運行を和声学では「限定進行音」という。つまり導音は半音上行することが必須の「限定進行音」である。導音のこうした特徴は、楽曲において導音が判別されればすなわち当該の調が明確になるので、調の識別のためには「導音がまず第一の決定要素である」（同掲書：227）とされるがゆえにも極めて重要な存在である。

　さてラモーは先に見たように「半音という塩」という主旨をそのままザルリーノから継承するが、その続きでラモーは導音の存在について次のように説明する。すなわち、「この長３度に由来する長不協和音程は、つねに必ずオクターヴの前触れの音から形成されている」ので、この「オクターヴの前触れの音は、（属音と：引用者注）長３度を形成するものであり、この長３度にオクターヴ上へ半音上行すべきすべての長不協和音程は由来する」。（同掲書：68）
　ふたたびハ長調を例にとって説明する。オクターヴの音をドとすれば、その前触れとなる音とはシのことであり、これは属音のソとは長３度の音程幅にあることが指摘されている。そして引用最終部で着目すべきは、この長３度の音程は、「長不協和音程」だとされている点である。われわれはザルリーノに至って、長短３度と長短６度は「不完全」という形容辞は付きながらも、「協和音程」に含められたことをすでに確認した。ラモーもその協和音程に関するパースペクティヴは引き継ぎ、例えばドミソの和音のド・ミの長３度も、ミ・ソの短３度も当然ながらともに協和音程である。しかしこの属音と導音とがその間に形成する長３度は不協和音程だと断ずるのである。
　ここが西洋音楽理論史において３度が懸案中の懸案である点であり、３度が協和音程でもあり、不協和音程でもあるというのは確かに論旨の矛盾に他ならないが、ラモーはここでこの属音と導音の間の３度は特別に不協和音程である言っているわけであり、しかもここにはラモーなりの魂胆もある。というのも、大前提としてラモーの和声観においては音楽では「規則に従うべきなのは不協和音程だけである」

（ラモー：102）という根幹的な見立てがある。すなわち、導音は前述の通り主音への極めて強い志向性を有しており、"主音へと半音上行しなければならない"という限定進行の規則を有している。したがってこの属音と導音の間の長3度は協和音程と見るよりも、不協和音程と見た方が、和音間の移行を説明する和声学としては都合がいいとの判断がラモーに働いたと考えることができる。そして、この長音程である3度は、協和音程であるか不協和音程であるかは一旦おいておくとして、ザルリーノがまさに指摘していたように、拡大する傾向を持つのであるから、ラモーの見立てとも一致するのである（先のザルリーノの譜例⑮で長3度がオクターヴへと拡大することを確認されたい）。

　そして不協和を成す長3度のシがドへと半音の移行を達成するとき、われわれの耳はこの上ない安心感、安定感を受けるはずである。この移行は和声学では「緊張と弛緩」あるいは「緊張と解決」といった用語で説明されてきた。このシとドの間にある半音という塩によってわれわれはフレーズが安定的に終結したというカタルシスを感じるようになっている。換言すれば導音が緊張を与え、主音がわれわれに安心を与える。この半音の塩こそ、われわれが享受している現在の音楽が予定調和の構造を有するための最重要因子の一つになっていると言えるだろう。スーザン・マクレアリは、17世紀の音楽家たちが人間の「欲望の軌跡（trajectories of desire）」を描き出すためにいかにこの導音を利用することに腐心してきたかを強調している。

　　　もし導音が期待された終結を予告するものなのであれば、この
　　期待を抑制することは長いスパンでのカデンツの効果を延期する
　　ことができる。導音が現れるや否や、文化的に適応させられた耳
　　は暗示された終着点を期待することになるのだ。つまりその到達
　　点とは単一の音高、すなわち導音が指し示す、指定された主音が
　　欲望の対象になるのだ。（McClary：94-95）

　ここでマクレアリが述べていることは、導音の存在こそがわれわれの聴感覚の欲望を先鋭化させ、導音が限定進行を義務づけられている

その先にある主音こそがその欲望の充足を果たすものであるということであり、導音の使用の仕方によってその欲望の充足を操ることができる、ということである（マクレアリはここで特に、導音の効果を引き延ばすことによって主音の到着を遅らせ、その解決の安堵感をさらに先送りにすることによって強化することができることにも言及している）。この導音の登場こそモンテヴェルディによってより自由に姿を現すことができるようになったものであり、従来よりも格段に柔軟性をもって（つまり従来よりもより早く、あるいはより遅く）この導音を登場させることができるようになったことがモンテヴェルディの革新の核心である。

　音楽には初めと終わりがあり、その双方の役を果たすものこそ主音であり、主音に始まり主音に終わるからこそわれわれの音楽体験は完結し、喜びを得るという予定調和の形態を有している。主音で終わることが音楽にとってどうしても必要とされるのであれば、その半音下に位置する導音以上に、その完結の喜びの期待を高めるものはない。この期待という欲望を満たすために特に導音から主音へという半音の塩は是が非でも必要とされたのだ。

（7）塩と悪魔の共存する同時的響き──属七の和音

　さてわれわれはすでにラモーが『和声論』の中でこの属音上の長3度を協和音程ではなく、長不協和音程だとして別扱いした点を確認したが、これに続くくだりでこの属音上に形成される属七の和音の説明へと移行する。属七の和音はわれわれがモンテヴェルディ論で注視してきたソ・シ・レ・ファの和音である。この和音はソ・シ・レの属和音の上に短3度のファを付加することによって属七の和音として形成される。このソからファの短7度が重要な不協和音程であるとラモーは主張するが、その根拠説明は以下のようになる。

　　属音上の完全和音への短3度の付加に由来する7度（ファ：引用者注）はこの属音に対してのみならず、この属音の長3度

（シ：引用者注）とも不協和音程を形成する。したがってここでこの長3度は付加された7度との関係において<u>新たな不協和音程を形成する</u>。それゆえにこの<u>長3度はすべての長不協和音程の起源</u>であり、<u>この7度はすべての短不協和音程の起源</u>である。ここにはいかなる例外もない。（ラモー：69）

　これがラモーなりの属七の和音の説明である。モンテヴェルディを見た際に、われわれは7度に相当するファ音は、根音のソと2度の不協和を形成するという指摘は見た。しかしラモーはこのファ音は属音の3度上のシ音とも不協和を成すと明言している。「悪魔」という言葉こそラモーは使っていないが、まさにここにDiabolus in Musicaが存在している。もう一度属七の和音を五線譜に移して考えてみよう。
　この譜例の「シ－ファ」に特に注目し、矢印で限定進行を示す（ちなみに7度は半音下行すれば長調の、全音下行すれば短調の進行となることに注意を払おう）。最上段のファ音は、モンテヴェルディの章で確認した、不協和和音の属七の和音を形成する音である。ラモーはここで

譜例⑯　ドミナントの長3度から形成される導音あるいは長不協和音程

7度あるいは短不協和音程　ファ　半音あるいは全音下行

音楽の悪魔

導音あるいは長不協和音程　半音上行　シ

5度　レ

属音　ソ

このファは属音のソとだけではなく、属音の長3度上にあるシ音と不協和音程を形成すると述べている。つまり不協和音程はシとファの間にある。この音程は"音楽の悪魔"Diabolus in Musicaである三全音Tritonusの転回音程で現代の名称では減5度であるが、これは当時は偽5度と呼ばれていた。この名称には、この5度は完全5度とは違って、"正しくない5度である"といった含意がある。つまり三全音Tritonusは転回されて形や名称が異なったとしても、やは

り"音楽の悪魔"なのである。

　この音程幅が、往時のようにメロディー・ラインの移行に用いられるのではなく、前掲の譜例に明確に表れているように、音の同時的響き、和音の中で使用されることになったのが「属七の和音」なのであり、したがって特別の注意を必要とする。この導音と第7音とがなす"音楽の悪魔"を含む点でも属七の和音は特別な存在なのだが、この属七の和音が含むDiabolus in Musicaについてもう一度、今度は20世紀の音楽の最良の語り部の一人とも言われる作曲家・指揮者のレナード・バーンスタイン（Bernstein, Leonard. 1918–1990）による説明を、ハーバードにおけるノートン講座の中から見てみよう（Disc4の1：44頃）。DVDの映像では三全音Tritoneの音程を五線譜で示しながら、バーンスタインは次のように指摘する（本書の理解に役立つように一部省略や意訳をしている）。

　　　この2つの音が曲全体にとって決定的に重要です。2音の開きは増4度です。これは三全音と呼ばれる音程で、3つの全音で等分されます。音楽史のうえでも、三全音には重要な意義があります。全音階の調性の基本概念と矛盾するからです。倍音列の核心をなす主音—属音の機能を否定します。これが倍音列に現れるソとドの間は完全4度です。これは調性の基本要素です。これが半音上げて増4度になると、三全音であり、特別に不安定な音程になります。これは調性を絶対的に否定します。あまりに不安定なので、心をかき乱す音だとして初期の教会は嫌いました。初期の教父たちはこれを違法なものと宣言し、"Diabolus in Musica"と呼んだほどです。

　実はここでのバーンスタインの主眼は、ドビュッシーの《牧神の午後》においてこの三全音の音程が冒頭から曲全体にわたっていかに作曲家ドビュッシーの基本理念となっていたかの説明にあったのだが（"調性からの離反"あるいは"調性の崩壊"として）、それはさておくとして、バーンスタインもDiabolus in Musicaという名称を挙げていか

にこの音程が不安定なものかを強調している点に注目されたい。

　上で見たように属七の和音がそもそもその構造上の特性として三全音、あるいはその転回音程である偽5度を内包しているものである以上、その内包されている不安定さという緊張感は是が非でも解決されて安定へと導かれねばならない。しかもこの緊張を生み出す不安定な音程幅の片方を担うのは、他でもない導音である。したがって導音が主音へと「音楽の塩」である半音によって限定進行を義務づけられるのと同時に、この導音と「音楽の悪魔」を内包する属七の和音（ソ・シ・レ・ファ）は主和音（ド・ミ・ソ）へと回収されなければならない。和音全体で考えなくても、もし鍵盤楽器を使用することができるのであれば、次の「ファ・シ」から「ド・ミ」の半音の音程移動を試していただきたい。これだけでも、現代まで継承されている西洋音楽に慣れた耳には、大変な安堵感やカタルシスが感じられるはずである。

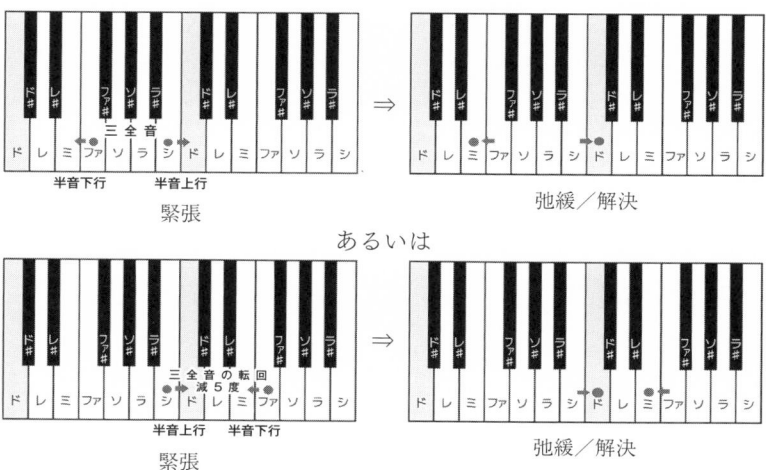

もちろん、この移行はモンテヴェルディ以前にも存在し多用されていた。ここでモンテヴェルディの革新をもう一度別の角度から言う

と、モンテヴェルディが不協和音程の予備の規則を断ち切って、この属七の和音は予備なしに使用してよいと打ち出したことは、この極度の不安定感を含む属七の和音を、従来の仕方よりもより自由に使用することを可能にしたのだ。そしてまさにこの移行に見られる「音楽の塩」と「音楽の悪魔」とは、すでに言及していたように、われわれは本書の中で出会っていたのだが、それは他でもないあの《つれないアマリッリ》の引用の最後の部分、つまりアルトゥージがあれほど舌鋒鋭く批判した属七の7度の扱いから主和音へと至る、あの部分においてである。その最終箇所を今一度以下の譜例で確認しよう。

　このように、実はこの属七の和音にはこれだけの要素や限定進行音が含まれていて、したがって主音あるいは主和音への強烈な志向性をもともと有している（主音の有する強力な吸引力については第5章で詳しく取り上げる）。それは「ソ・シ・レ・ファ」の4音の内、「ソ・

譜例⑰

シ・ファ」の３音の進行があらかじめ決せられているからなおさらと言えるだろう（ちなみに最下段のソからドへの進行がいわゆる"根音進行"に相当するが、この根音進行はこの５度下行の根音進行がもっとも完全な進行だというのがラモー和声理論でも最重要論点の一つである）。

　ここでモンテヴェルディの実例を念頭に置きながら、スーザン・マクレアリの言葉をもう一度借りると、この属七の和音の緊張感から主和音への安定へという音楽のフレージングの閉じ方をより柔軟に扱えるようになったことで、「このようにフレージングを終わらせたい」という"人間の欲望の軌跡"を「第一作法」におけるよりもはるかに自由に描き出せるようになったということが何よりも重要である。このように音楽のフレージングの閉じ方の自由さがモンテヴェルディの「第二作法」によって可能となり、音楽システムとしてより大きな可能性と柔軟性を得たことが、現在に至るまでの西洋音楽の繁栄を支えてきたのだ、ということができる。別の言い方をすればこれは緊張から弛緩へとシークエンスを繰り返しながら、最後に極めて大きな大団円（根音の５度下行）を、しかも従来の仕方よりもはるかな自由度をもって迎えることができるようにという"欲望の軌跡"をたどる、予定調和の体系である。本書冒頭では「協和と不協和」、そして「情感Affect」という論点から「第二作法」の思想的背景をたどってみたが、本章では同じ「第二作法」を「音楽の塩（特に導音から主音への半音の移行）」と「音楽の悪魔（極めて不安定な三全音という音程幅）」とが西洋音楽の長い歴史を経て、いかに「属七の和音から主和音へ」という西洋音楽の中でももっとも重要なフレージングの移行へと結実したかを見ることでその構造を考察してみた。

調・調性・和声について

第4章　調と調性

（1）調？　調性？　──用語の整理

　まず本論への導入として、以下のような架空のコンサート・プログラムを見てみよう。

　　1、ベートーヴェン　交響曲第5番ハ短調《運命》　op. 67
　　2、ストラヴィンスキー　詩編交響曲　ハ調
　　3、シェーンベルク《月に憑かれたピエロ》

　1曲目はあまりにも有名なベートーヴェンの代表作だが、上掲のように作品名や通称、そして作品番号として知られるop.（opusの略）が明示され、「ハ短調」と明記されているのが確認される。このようにクラシックのコンサート等では当該の曲が書かれた調の名称と長調あるいは短調の区別が記載される。「ハ短調」の「ハ」はこの曲がハの音（つまりド）を主音として書かれており、また「短調」の部分では使用されている音階が短音階であることを示す。実際、周知の通り、この曲内でも頻繁に転調がなされるし、終楽章のフィナーレは圧倒的なハ長調で終わるわけだが、こうした曲名提示の際は冒頭部分の調が明記されるのが慣例である。

　次に同じく交響曲の例だが、このストラヴィンスキーの作品では表記に若干の違いがある。すなわちここでは「ハ調」と記されているのみであり、長音階・短音階については表記が欠落している。つまりこの楽曲においては主音がハ（ド）であることが重要であり、使用される音階が長であるか短であるかは作曲上必要不可欠な要因ではないこ

とを示している。このように主音のみが明記される楽曲の例は多くはないのだが、しかしある1音を主音として設定することだけでも楽曲制作は現実に可能であることをこのハ調交響曲は示している。

　最後はシェーンベルクの無調時代の代表作とされるもので、したがって調に関する記載はない。この曲は特に語り手の朗読と無調の音楽が融合された例としてしばしば挙げられるものである。くわしくは後述するが、無調においては従来のように主音の設定や、音階の長・短の区別は、もはや完全に欠落している。調には12の長調と12の短調があることは後に見るが、この《月に憑かれたピエロ》ではそのいずれの調をも使用せず、また何らかの音を主音として想定することもない。

　実際にはこれらの3曲は規模も構成もかなり異なるものなので、このようなコンサートが開催されるのは現実的でないだろう。ここでの目的は西洋音楽における「調」の存在を考えることである。ここで先を急ぐ前に、2つのことを確認しておきたい。まず一つは、ではわれわれが注視してきたモンテヴェルディの《つれないアマリッリ》は何調で書かれているのか、という問題である。多くの読者にとって周知である通り、モンテヴェルディの時代には「調」の存在は確認されないので、この曲は調に基づいて書かれているのではなく、12ある教会旋法の中の「ミクソリディア旋法」で書かれている（旋法の一覧は本書112頁を参照のこと）。この「旋法」こそが西洋音楽において長く創作の場を提供してきたもので、実際のところ旋法あるいは音階の設定には長く複雑な道程があった。本論ではその道程の詳細までは扱うことができないが、「調」や「調性」の理解を深めるために旋法の内実にもできる限り触れておきたい。

　そして今、「調」や「調性」と何気なく書きつけたが、例えばベートーヴェンの《運命》に今一度戻って「ハ短調」に注目すると、確かに楽曲の調を示すのに「ハ長調」「ハ短調」という名称が使用される一方で、「ハ長調性」「ハ短調性」と言われることはない。いわゆるクラシック音楽に携わる者の中でも「調」と「調性」をことさらに峻別して使用する必要性を感じていない人も多いだろうし、また後段で見

るように、実際「調」と「調性」はその内容が重なり合うために混同して使用されても問題にならないという現実もある。

　これは日本語に限った話ではなく、実際のところ、もともとのヨーロッパ諸語における状況を見てみると、「調」と「調性」といった語の使われ方はあまりにも錯綜しており、頭の中が混乱することは必至である。また一つの言語においてもある語が複数のさまざまな意味で使われることもあり、これも誤解や誤読の原因となってきた。例えばラモーは『和声論』の中で「たとえばTonという言葉は、通常は2度の音程（つまり"全音"のこと：引用者注）に適用されるものであるが、ここでは楽曲がある特定の調／Tonに基づいて作曲されるために選択される一つの音に主として適用されるべきものである」（ラモー：181-182）と述べている。このようにTonが「全音」と「調」の両方の意味で用いられているし、またさらにフランス語の実情にもう一つ触れるとmodeという語は「旋法」「音階」「調」の意味で使い分けられている。さらには、後に見るようにラモーは「音階という言葉がたいてい調という言葉に含められてしまう」（ラモー：182）という実情を指摘しており、読者にとっての頭痛の種となっている。したがって同一言語のテクストを読んでいる際でさえもあらかじめの知識と注意が必要である。

　これがヨーロッパ諸語における実情で、日本語話者のわれわれにとってはここからさらにまたさまざまな仕方で翻訳する形で輸入・摂取してきたわけである。鎖国を解いた日本においてどのように楽語が翻訳されてきたかということは重要なテーマであり、この点で大きな役割を果たした滝村小太郎（1839-1912）についての研究など興味深い参照すべき事例もある。滝村が英語の楽語に漢字を当てはめ、そのうちのいくつかは現在まで使用されるに至っている[19]。しかしその後、明治の文明開化から現在に至るまで西洋音楽との関わりはさらに深化を見せ、個々人の視野や音楽観、留学先等の関係から、英語のみならずさまざまなヨーロッパ諸語から楽語が流通し、その中にはもうすでに漢字を当てはめずカタカナ表記で定着したものもあり、実は現状はかなり錯綜した状況にある。

こうした状況を踏まえたうえで、本章では日本語における「調」と「調性」という２つの言葉の区別をつけることを目的とする。この２つの用語は特にその必要がなければ峻別して使用されないこともしばしばあり、あるいはその語義に関して明確な意識がないままにさまざまに用いられていることがよく見受けられる。しかし歴史的に見れば、英語のkeyによって表象される「調」は現在では厳密にいえば24の長短調のことが意図されており、この24の調は1713年のマッテゾン（Mattheson, Johann. 1681–1764）の『新設のオルケストラ』という著作において一つの到達点に達したと見なされている（ただし、後述するように、これは初出ではない）。それに対して、「調性」の方は英語のtonalityに相当する語の訳語とされるが、このtonalityのもととなったフランス語のtonalitéの登場は19世紀前半まで待たなければならなかった。

　この２つの用語はしかし決定的に異なる、全然別の言葉というわけでもなく、西洋音楽の内部でもことさらその違いをはっきりさせなくても困らないという実情は確かにあるので、ここまで来てしまったと言えるだろう。しかし、これから見るように、われわれの大半が享受している音楽のほとんどはこれらの24の「調」をフィールドとする「調性」音楽であるわけであり、そしてこの２つの用語を正しく受け止めることができなければ、本来「調性の崩壊」や「無調」といった事柄については語ることはできないはずである。こうした問題意識から、以下では「調」と「調性」の理解に助けとなる点にそれぞれ光を当ててみたい。

（２）調と音階、そして旋法とは——古代ギリシャから

　まず現在の「調」という語の一般的な使用法について確認してみよう。先に見たようにベートーヴェンの『運命』には「ハ短調」と表記されるのが慣例である。この「X長調」「X短調」とは実はかなり巧みに縮約された言い方になっており、Xを主音とする調の長音階あるいは短音階のことがこの名称で意図されている。この点、すでにラモーは『和声論』の中で次のようにコメントしている。

音階の本質は主音（トニック）として選ばれた音の3度の音に存する。この3度は長か短かのどちらかでしかない。したがって音階もこの2つの種別によってのみ識別されるものである。音階（モード）という言葉がたいてい調（トン）という言葉に含められてしまうのはここに根拠がある。それは長調（トン・マジュール）や短調（トン・ミヌール）という言い方に端的に表れている。ウトの音に対して長3度が与えられるとそれはウトの長調と呼ばれ、ウト調長音階とは言われない。（ラモー：82）

　このようにラモーの認識では「X調　長・短音階」という名称の方が正しく音楽のあり方を示していることになるが、しかしラモーも認めている通りこの「X長調」「X短調」といった名称はすでに慣例となっていたわけであるし、また今となっては完全に日本語として定着したものなので今後変更が生じるとは考えにくい。
　それでは、この「X長・短調」という表現が前提としていることを改めて確認してみよう。現在われわれが親しんでいる音楽においては、オクターヴを12に（等）分割した音階が主流であり、その12の各音が主音に設定されることで音階のあり方が定まる。そしてその主音に設定された一つの音は長調と短調で使用することが可能なので、総計で調の数は12×2で24あることになる。つまり12の長調と12の短調であり、したがって全部で24の調が存在する。これが現在のわれわれの音楽体験のほとんどのパーセンテージを占める西洋起源の音楽のフィールドである。
　今ではこの24の長・短調はあまりに当たり前の存在になってしまっているため、むしろこの存在を疑問視することの方がおかしなことと思われるほどであろう。しかしこの24の長・短調の存在が確認され、確固としたものとなっていったのは17世紀以降のことであり、この24の長・短調が音楽のフィールドとして決定的なものになったのは18世紀以降のことであった。その一つの里程標として示されるのが前出のマッテゾン著『新設のオルケストラ』（1713）であり、この中では確かに24の調の名称とそのそれぞれに関するコメントが記載されている（第4章参照）。

この24の調を先のラモーの指摘を踏まえて換言すれば、12の長音階と12の短音階があることになり、つまるところ音階、具体的には１オクターヴ内の諸音の配列こそが問題となっていることが理解されるだろう。この音階の代表例は「ドレミファソラシド」であるが、この「ドレミ」の配列が西洋音楽において決定的な形をとるまでには西洋地域における何世紀にもわたる錯綜した、まさに"混沌（カオス）"とでも形容したくなるような、複雑な歴史を経てきた。この点、いかにこの「ドレミ」の音階が現在では確固とした統一体の様相を呈しているからと言って、西洋文化内部で何らかの一貫したコンセンサスのもと音階が考案され使用されてきたと思われるのであれば、それはまったくの誤解である。本書の以下では、『新設のオルケストラ』の24の調のあり方へとつなげるために、「音階」や「調」に関する歴史的基本事項を踏まえることを目的とする。

　西洋音楽史の記述の定番に則り、ここでも古代ギリシャから振り返ることにしよう。古代ギリシャにおいてはピュタゴラスあるいはピュタゴラス派の定めるところに従って、テトラクテュスと呼ばれる「４」という数が協和の考察の根本に据えられた。ここから帰結するのは、協和音程とされるのは「２：１のオクターヴ」「３：２の５度」「４：３の４度」の３つということになる。そして音階の設定という課題に対してはこの最小の４度の音程をどのように分割するのかが問題となった[20]。この課題を古代ギリシャではディアトニック、クロマティック、エンハルモニックと呼び、譜例⑱のような分割方法で処理した。

譜例⑱

↓は四分音の変化を表す

われわれは前章で古代ギリシャの音楽の実例としてエウリピデスの『オレステス』の中の《カタロフィーロマイ》や《セイキロスの碑文》を見たが、その際に当時の音楽では半音の半分に相当する四分音／ディエシスが音楽の構成要素として用いられていたことを確認しておいた。ここで上掲のエンハルモニックの分割法において「↓」の印で明示しておいたのがその四分音／ディエシスであり、ここにそうした実作品の理論的根拠がある（ちなみにここでの「エンハルモニック」は現在和声学で使用されている"異名同音"の意の「エンハルモニック」とは別物である）。現在では半音よりも小さい音程が音楽作品の構成要素として使用されることは珍しいが、当時は非常に人気を博していたと言われる。しかしこの音はアリストクセノス（前４世紀頃）の頃にはほとんど用いられなくなったという。後の音楽の発展につながっていったのはディアトニックとクロマティックの方である。

　さて上掲のように分割された４度の音程はテトラコルド（４つの弦といったほどの意味）と呼ばれたが、このテトラコルドを超える音の並びを設定するに際しては、複数のテトラコルドを結合することによって実施された。このような結合の仕方には複数のものがあるわけだが、以下ではもっとも重要な音階組織と呼ばれる大完全音階のあり方を、当時の音階の音程名の並びと、それを五線譜に転写した譜例⑲で把握してみることにしよう。

譜例⑲　大完全音階の例

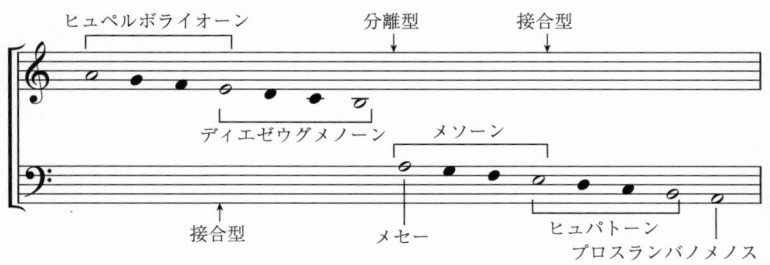

テトラコルドのまとまりをブラケット形の線でまとめる形で明記し

たが、それらのテトラコルドのまとまりは共通音を保持する形で結合する「接合型 conjunct」か、共通音を保持せず、全音の間隔を取った状態で羅列する「分離型 disjunct」で連結された。上掲の大完全音階の場合は、中央のテトラコルドの連結の際に全音の音程幅を介した「分離型」になっており、上下の２ヵ所は「接合型」である。そして最下部のテトラコルドの下にさらに全音の音程幅で一音を設定することにより、２オクターヴの音列が成立することになり、このように大完全音階の設定が成された。

　音階の設定の仕方がこのように定型化してくると、古代ギリシャではある種の音階を名称を付けて呼ぶようになった。その音階名とは例えばドリア、フリギア、リディアであり、その音階を便宜的に五線譜で明示すると譜例⑳のようになる。

譜例⑳

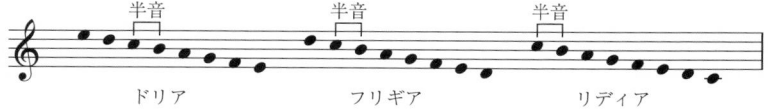

　これらの音階の配列でも、最初の４音、つまり古代ギリシャにおいては上から数えて４音という意味だが、このテトラコルドの配列が重要な決定因子となった。譜例から確認される通り、このテトラコルドの中の第１音と第２音の間に半音があるものをリディア、第２音と第３音の間に半音があるものをフリギア、第３音と第４音の間に半音があるものがドリアと命名するような峻別の仕方である。これらの音階の名称は古代ギリシャの民族名から取られたとされており、ドリア人たちはペロポネソス半島に、フリギア人とリディア人たちは小アジア地方に居住していた民族だとされている。

　そしてこれらの音階にまつわる話として"エートス論"というものがあることにも言及されるべきであろう。というのもこの"エートス"に関してはプラトンやアリストテレスも自説を展開しており、これらの哲人政治家たちが音楽に注目していた証としてしばしば引き合

いに出されることがあるからだ。簡単にエートスについて説明すると、それはそれぞれの音階、あるいはその音階をもとにして作られる音楽は、そのそれぞれの“感興”を呼び起こすものであり、それが人間の心身に影響を与えると考えられていた。例えばドリアは男らしい威厳を持ち、フリギアは人の心を湧き立たせる興奮のエートスを持つ、といったようにである。

　一つだけプラトンの『国家』から興味深い例を引くと、リディアの音階は悲しみや嘆きといったエートスを持っているがゆえに、プラトンの理想とする国家からは排除されなければならない、と主張されている。そしてアリストテレスもそうしたエートス観を継承したことが著作から確認される。

　そもそもこうしたエートス観が『国家』やアリストテレスの『政治学』といった書物の中で扱われていることに今一度注意が促されるべきである。プラトンやアリストテレスがどうしてこれらの著作で音楽のこうした側面に言及しなければならなかったかと言えば、それは音楽が人間の「徳」の形成に寄与すると考えたからである。つまり「徳」をはぐくみ立派な成人を育てること、そしてその延長線上にそうした成人たちが構成員となる共同体／国家を創設すべきという点に彼らの理想国家の主眼はあった。しかしこのように政治が音楽のような文化にまで手を出すことは、完全管理型の全体主義国家というディストピアに反転する可能性をはらむ。実際、20世紀のナチス・ドイツやソ連などでは音楽のあり方に対して政治が真剣かつ強力に介入していた歴史的過去があったし、日本においても戦時下において時の政権がいかに音楽のあり方に関わったか、あるいは音楽家たち自身がいかに当時の状況にコミットしていこうとしていたのかに関しては近年注目に値する研究が複数発表されている[21]。こうした事例がプラトンの『国家』と後の全体主義国家との近親性がしばしば指摘されるゆえんでもあるが、ともかく政治がある種の性質を帯びた音楽を禁止しなければならないとまで主張しようとすることは決して大昔の遠くの国の話に留まることではなかった。そして、その諸音の並びである音列や音階がある情感を醸し出すといった認識はその後も西洋音楽で

脈々と続くことになる。そしてこの傾向性についてはまた『新設のオルケストラ』での24の長・短調をみたあとで「音階と情感」という項でもう一度注目してみたいと思う。

（3）8つの教会旋法——諸音の並びについての理論化

　さて、その後も音列や音階のあり方に関してはさまざまに考察や議論が進められていき、その様相は簡単な要約を許さないほどに混沌としている。諸音の並びについて言及した重要かつ有名な人物名を一部挙げるだけでも、アリストクセノスやプトレマイオス、マルティアヌス・カペッラ、カッシオドルス、セビリヤのイシドルス、ボエティウスなどがいて、しかも彼らの説の内部ではかなりの異同が認められる。その詳細をフォローすることは本書内では不可能なので、以下では大完全音階の次に音楽家たちが依拠することになった"範型"に注目することにしよう。それが8つの音階から成る教会旋法である。

　先に名を挙げたボエティウスの業績（6世紀初頭）以降、西ヨーロッパ地域でキリスト教の典礼音楽は発展を続け、基本的な形を整えていったわけであるが、実のところ大まかに言って6世紀から9世紀に至るまでの音階あるいは旋法に関する理論的テクストというのはあまり記録が残っていない。そうした中これらの教会旋法は8ないし9世紀頃にグレゴリオ聖歌のレパートリーを音階あるいは旋法によって8つに分類するに至ったことに端を発し、そしてそれが後世の17〜18世紀に至るまで範型として依拠されるようになった。どうしてこれらの8つに収斂することになったかと言えば、それには2つの大きな要因があったと言われる。

　まず第一の要因として挙げられるのは、先ほども述べたように9世紀以前の音階／旋法に関する理論的記述というのは西ヨーロッパでは欠落していたため、したがって「8つの旋法」という型は中世ギリシャを起源とし、東方教会で確立した「8旋法理論／オクトエーコス」がおおもとにあったとされる。この「オクトエーコス」自体の由来については現在では詳細は不明とされているが、8世紀頃にビザンツの

資料からカロリング朝期の聖職者たちによって摂取されたものと考えられている。ここに第二の要因として、西ヨーロッパで脈々と続けられていた音楽理論の伝統（モノコルドの分割、ダイアトニック音階、"1オクターヴ"を一つの音域範囲とする見方、完全協和としてのオクターヴ、5度、4度といった音程、など）が相まって「教会旋法」という形をとるに至ったとされる。

この8つの教会旋法を便宜的に五線譜を使って明示すると譜例㉑のようになる。教会旋法に至ると音階の形は下行形ではなく、以下のように上行形で捉えられるようになった。

譜例㉑

● =フィナリス
◇ =レペルクッシオ

このように、理論家たちはまず旋法には4つの主要な型があると考え、そのそれぞれがさらに2つの型、すなわち、正格旋法と変格旋法を持つとした。ビザンツのオクトエーコスではまず正格旋法の4つが配されてから、変格旋法の4つが続いたが、教会旋法においては正格と変格が交互になるように配された。このように旋法の数を8つとし

て後代に伝えた資料としては9世紀に書かれたとされる通称『音楽論別記 *Alia Musica*』がある。この著作はおそらく3人の著者（詳細不明）によって記されたものと推測されており、その内容もかなり錯綜しているのだが、ごく簡単にここで極めて興味深い点を指摘しておけば、ここでのドリア、フリギア、リディアの並びと本書113頁のギリシャにおける音の並び（譜例⑳）を比べてみて分かる通り、開始音が変わってしまっている（例えばドリアはもともとミから始まっていたものが、教会旋法ではレからとなっている）。これは『音楽論別記』の著者の誤解によるもので（意図的取り違えという説もある）、この誤解に基づく8つの旋法のあり方のほうが後代に伝わることとなった。音の並び一つとっても西洋音楽の歴史が一筋縄ではいかないことを如実に示す事例である。

　さて、ここで開始音と終止音がフィナリスと呼ばれたことに触れたい。何気ないようで特に重要性を有しているとも意識されないかもしれないが、このフィナリスこそ西洋音楽の核心であり、最重要音とされるべき音であり、後にわれわれが特に注目する主音／トニックのアーキタイプと目される音なのだが、主音／トニックに関してはまた「調性」を考えるときに再び重点的に考察したい。

　そして四角の音符で明示された音は「レペルクッシオ／朗唱音」と呼ばれ、特別視された音である。この音はたいてい正格旋法においてはフィナリスの5度上、変格旋法においては3度上に位置しているものである。この音に朗唱音（レペルクッシオ）という特別な名称が与えられたのは、聖歌中の詩編の朗唱がまさにこの音に合わされる形で成されたからだとされている。ゆえにこの朗唱音は任意の旋法において相応の影響力を持つ音として認識され、その影響力の強さゆえに17世紀のフランスに至るとこの朗唱音（レペルクッシオ）が「ドミナント／属音」と名付けられることになったとする見方がある。ドミナント dominant (e) はフランス語で「dominer 支配する」という動詞をもととする形容詞である。したがって「支配的な／権勢を振るう」音といった意味で用いられるのが属音（ドミナント）であるが、それほどまでにこの属音（ドミナント）は任意のフレーズにおいて支配的な力を発揮すると捉えられた。その力はその後の音楽で属和

音、特にわれわれがモンテヴェルディの革新として注目した属七の和音を支える音として和声においても重要な役割を果たすことになる。

　基本的にはこの正格・変格を合わせた８つの旋法がその後の音楽家たちには一つの規範として認知され、継承されていくことになった。その後またさまざまな音楽家、理論家がさまざまな言説を残しており、それらにはいろいろな細かい差異も見られるのだが、しかし範型としてのこれら８つの旋法のあり方は長きにわたって受け継がれ、次にこの８つの旋法に本質的な変化が確認されるのは16世紀中庸のグラレアーヌスの『ドデカコルドン』（1547）においてである。

（４）『ドデカコルドン』──12の旋法へ

　ヘンリクス・グラレアーヌス（Glareanus, Henricus. 1488–1563）はスイスで活躍した地理学者、詩人、そして音楽理論家であったとされている。彼の伝記的事実としてしばしば引き合いに出されるのは『痴愚神礼賛』などで知られる中世最大の人文学者エラスムスと交流があったことである。そしてこの書名である『ドデカコルドンDodecachordon』（1547）はギリシャ語で12を表す「ドデカ」と、弦を意味する「コルド」の合成語であり、"12の弦"あるいは"12の音"といった意味を表す。この題名に「12」という意味を込めたことにも端的に表れているように、旋法におけるグラレアーヌスによる重要な変更点というのは旋法の数を従来の８つから12へと増加させたことにある。その増加分の４つの旋法をまた便宜的に五線譜で表したものが譜例㉒である。

　ここから明らかに見て取れる通り、まずエオリアとイオニアという正格の２つをもととし、そこからそれぞれヒポエオリアとヒポイオニアの計４つが追加されるに至った。ここで教会旋法において12の旋法が出揃ったことになり、またここで追加されたエオリアとイオニアは後の長・短調へと連なる一つの重要な結節点となることは後に確認する（しかしこれはあくまでも"一つ"の結節点であることは強調されなければならない）。

譜例㉒

正格施法　　　　　　　　　変格施法

Aモード　　エオリア　　　　　　ヒポエオリア

Cモード　　イオニア　　　　　　ヒポイオニア

　西洋音楽史の著作でもこの8から12への旋法の増加は重要な転換点として指摘されることが多いが、しかし看過されがちなのが、ではなぜグラレアーヌスは自身以前に数百年の歴史と伝統のあるこの教会旋法のあり方に変更を迫らなければならなかったのか、という点である。音楽作品をグルーピングする範型として、それが8つではなく12であると主張することは決して小さな変更ではないのだから、グラレアーヌスは時代の推移とともに音楽のあり方も多様化し、範型の増大が必要とされるに至ったという革新的な立場から『ドデカコルドン』を執筆したというのが当然の筋と解されてもおかしくはない。またそうした伝統的に受け継がれてきた8つの教会旋法に変更を加えるというのはある意味権威への反発ともとられかねないのだから、自らの身を危険にさらす行為ともなりかねない。しかし実はグラレアーヌスにはそうした反発や革新的意図はまったくなかったと言ってよい。

　この点、中世期の西洋音楽に関し重要な諸論考を残しているサラ・フラー（Fuller, Sarah.）の考察に従って確認しておこう。彼女の論文「"ドデカコルドン"を擁護すること——グラレアーヌスの旋法理論におけるイデオロギーの流れ」の中でフラーはグラレアーヌスが生きた時代であった16世紀初頭から中葉にかけての情勢に注目するようにと促す。当時カトリックの威光と影響力の陰りがもはや払拭できないところまで進み、プロテスタントは勢いづく一方で、イングランドはローマ教皇庁から離脱し、ヘンリー8世の統治中に英国国教会創設の採択（1534）に至る。われわれはパレストリーナの音楽を扱った際に

トレントの公会議（1545-1563）の布告に着目したが、そもそもこのトレントの公会議自体がカトリックの危機を痛感して開催されたものだった。グラレアーヌスが生きた時代とはまさにこのカトリックの危機の時代であった。

　こうした中で、実はグラレアーヌスはむしろ自身を"伝統の擁護者"として標榜しながら『ドデカコルドン』を発表したのであった。グラレアーヌスは『ドデカコルドン』の冒頭で次のようにまさに問う。もう何世紀にもわたってすべての人々の間で祝福されてきた8つの旋法にどうして4つを付け加えるべきなのか？　なぜオクトコルドンからドデカコルドンを作り出すべきなのか？　グラレアーヌスの答えは以下のとおりである。

　　　12の旋法に関するわれわれの宣言は、新しい陳述ではなく、古典を適切に更新したものなのだ。しかし読者は、私がこのことを数学的計算を通じた強力な証明でもって明らかにし、きわめて明瞭な実例を通じてその原理を明証するまで、信じないだろう。
　　（Glareanus：Praefatio）

　上記引用は『ドデカコルドン』の著者グラレアーヌスの立場表明として2つの点で重要である。一つは彼が自身の論考は新しいものではなく、古典的伝統に回帰しているのだと明言している点である。グラレアーヌスが革新を狙っていたわけではないことはここで明らかである。そして2点目としては、彼が自分は古典に依拠しているのだということを証明するために「数学的計算を通じ」て証明していると述べている点である。サラ・フラーも的確に指摘している通り、「この数学の核心とは究極的にはボエティウスを通じて伝えられたピュタゴラス的なパースペクティヴに根差している」（Fuller：222）。ここで「数学」という言葉が表していることは「数比の計算」のことであり、『ドデカコルドン』を一読すれば分かるようにグラレアーヌスは自らが付け足した4つの旋法の正統性を証明するために、幾何分割や算術分割といった、ピュタゴラス以降の数比の伝統に則る形で自説を展開

している。つまりグラレアーヌスの主張とは、理性をもって数比の計算を行った結果これらの４つの旋法は規範となるべき旋法に加えられるべきである、ということになる。

ただし本書でも言及した点に絡めて厳密を期しておけば、グラレアーヌスによる「数学的証明」を通じて導出されるのは、先の４つの旋法だけでなく、全部で６つになるはずであり、そうすると旋法の数は全部で14になるはずであった。つまりさらに２つの旋法がまだあるはずなのだが、それはシ音をフィナリスとするヒペル・エオリア（正格旋法）とヒペル・フリギア（変格旋法）である。しかしこれらの２つの旋法は主音に対して三全音、つまり"音楽の悪魔 Diabolus in Musica"を形成するという構造上の特徴を持つ。したがってグラレアーヌス曰く、これらの旋法は古来より使用されてこなかったし、グラレアーヌスもこの２つを認めず、旋法の数は12に留まることになった。"音楽の悪魔"はこうした重要な局面でも音楽のあり方に介入していたのである。

実際のところ、グラレアーヌス以前にも実践の場ではエオリアやイオニアは使用されていた現実があり、また、旋法の数を８つ以上に設定しようとする試みは先人たちによって提示されてきた。しかし理性に基づいた数比の計算が導き出す以上、残る４つの旋法を明示しないのは不当である、というのがグラレアーヌスの『ドデカコルドン』の執筆動機の核心である。つまり彼はカトリックの教義から離反することはまったく考えていない。むしろ12旋法＝ドデカコルドンを前面に打ち出すことで、音楽におけるカトリックの護教者の役を果たそうとしたのである。

そしてその後グラレアーヌスの"12旋法復権"の目論見は果たされたと言ってよい状況になっていく。『ドデカコルドン』発表のわずか11年後に、後にヴェネツィアのサン・マルコ大聖堂の楽長に就任（1565）することになるザルリーノは主著『調和概論』（初版1558）の第４巻「旋法について」の中でグラレアーヌスの12旋法をそのまま摂取、採用する。ただしザルリーノはグラレアーヌスの名には一度たりとも言及せず、またドリア、フリギア、リディアなどのギリシャ式

の名称は使用せず、第一、第二、第三旋法などの数字付けによって提示した。またその12の旋法の提示の順序も『調和概論』の初版と第2版（1573）では異なる。特にもともとはドリアを先頭に配置されていた12旋法が、1573年の第2版ではイオニア（ドから始まる旋法で、長音階の祖型となったと見なされるもの）から開始されている点は確かに後世に大きな影響を与えることになったと考えられる。ともかく旋法の数は8つではなく12があるべき姿だとするグラレアーヌスの意図は後代に確実に引き継がれていったのであった。

　その実践面での表れとして顕著な例として挙げられるのがフランドル楽派に属するとされるクロード・ル・ジュヌ（Le Jeune, Claude. c.1530–1600）による"もう一つのドデカコルドン"である[22]。これは正式名称を《2声から7声の、12の旋法の配列に従った音楽におけるダヴィデの12の詩編を含むドデカコルドン》（Le Jeune 1598）という作品集であり、この題名の中に"ドデカコルドン"が含まれていることからして、これは明らかにグラレアーヌスの著作が意識されており、その継承性には疑いの余地はない。簡単にこの曲集に言及しておくと、これも題名にある通り、旧約聖書の詩編がおおもととなっている。先にキリスト教と音楽の関わりに触れた際に、カルヴァンはキリスト教の崇拝にふさわしい音楽はこのダヴィデの詩編をもとにしたものだと考えていたことを一筆しておいたが、そのカルヴァン自身が翻訳にも参画し、編纂を主導したのが『ジュネーヴ詩編歌』（1562）である。この『ジュネーヴ詩編歌』は他の作曲家たちの創作の源泉になったわけだが、ル・ジュヌの《ドデカコルドン》もこれに範をとった作品の一つである。

　カルヴァン自身は"音楽は神の教えの僕"であるという考えを崩さず、公的な崇拝の場でポリフォニーの音楽が唱和されることを決して認めなかった。したがって『ジュネーヴ詩編歌』も連で区切られた韻律を踏んだ詩に単旋律のメロディーが付されたものである。ル・ジュヌの《ドデカコルドン》はその単旋律をカントゥス・フィルムス／定旋律等で使用しながら、題名にある通り、2声から7声に声部数を増やしたものである。

上で言及したように、すでにこの曲集の題名に含まれる《ドデカコルドン》という言葉がグラレアーヌスへの意識を明確に示しているのだが、しかしル・ジュヌはそれぞれの旋法をドリアやフリギアなどの民族名で呼ばず「第一、第二旋法」等の名称を使用しており、また旋法の順番もグラレアーヌスからではなくザルリーノの1573年の『調和概論』第2版の方に従っていることが確認されることなどからして、"12旋法"の受容・継承にも錯綜した諸相があったことが踏まえられなければならない。しかしもはや12の旋法は理論の枠内に留まるものではなく、実践の領域においても動かしがたい音楽的現実となっていったことを、このル・ジュヌの"もう一つのドデカコルドン"は体現している。

（5）長・短調の出現──24の調の一覧の初出は？

　上述のように旋法が8つから12へと拡張されたことは重要な変化であり、これら12の旋法を領域とする音楽活動が続けられる中で、24の長・短調というものが生じてきた。この24の長・短調というものは旋法に基づく音楽が実践される中でいつしか懐胎されていったものであり、その誕生時期を明確に特定することは困難というより不可能であろう。このあたりの事情はスーザン・マクレアリが卓抜な文章でまとめているのでその箇所を以下に訳出する。

　　まずわれわれは現在調性をあたりまえのものとして受けとめているが、しかしなぜこの調性が存在するようになったのかという明白なprima facie理由は存在しなかった。（中略）自分たちの音楽がいつか意味を成すようになるであろう日を切望しながらただそれを座して待っていた者など誰もいなかった。それらは"調的"になろうとしていたわけではない。調性の登場を不可避であると前もって想定し、そしてわれわれの視野の裏付けをしているように思われるような作品だけに限定することは、古楽early musicをわけの分からないものにするだけでなく、なぜそしてい

つ調性が現れたのかを理解するわれわれの能力の邪魔にさえなる
だろう。したがって、初期バロック音楽の一つの作品が「これは
まだ調的じゃないの？」と問う代わりに、私はどうやってその初
期の音楽が自らの特定の目的のために入手可能な素材を利用した
のかを説明する手段を模索しようと思う。(McClary：93)

　ここでマクレアリは調ではなく調性tonalityという言葉を用いてい
るが、ここでは両者の相違を問題視せずに、その内容をフォローして
みよう。上の引用は、いくら歴史的事実として24の調が確固たる存
在として現前することを知っているとしても、その事実から遡及的に
旋法の音楽を見ることは端的に言って悪しき勝利者史観であり、こう
した態度は改められるべきことを示唆していると言えよう。現在われ
われが享受している和声的調性の音楽が音楽の最終形態というわけで
は決してないし、ここを目指して12の旋法上の音楽が活動していた
わけでもない。「つまり実際、調性は旋法に取って代わったのではな
い。」(*op.cit.*：114)
　しかしまず史料的に確実に確認できることを踏まえておこう。長調
と短調という存在は、主音の3度上の音（専門用語で中音という）が
長音程か短音程かによるが（本書110頁のラモーの言を参照）、そうした
区別を明確に認識していた音楽家としてはジャン・ルソー（Rousseau,
Jean. 1644–1699）、ダングルベール（d'Anglebert, Jean-Henri. 1629–
1691）、ニヴェール（Nivers, Guillaume-Gabriel. c.1632–1714）らの名前
が挙げられる。
　そして、長・短の24の調すべてが一覧として初めて印刷物に留め
置かれたのはいつかという点に関しては、現時点で確認されているそ
のもっとも古い著作は意外なことに音楽を専門とした本ではなく、ア
ムステルダムで出版されたジャック・オザナン（Ozanam, Jacques.
1640–1717）による『数学辞典』(1691) である。オザナンはパリで活
躍した数学者であり、この書物の書名も略称としては正しいのだが、
表紙にあるフルタイトルは非常に長く、『数学辞典、あるいは数学知
識の総覧。この中にはこの学問の諸用語と、またさらに他の学問と技

芸の多くの諸用語が含まれる。これは知性を数学の普遍的知識へと
徐々に至らしめる論証を伴う』である。
　ここから分かる通り、この著作は数学を中心としたものでありなが
らも、後段では天文学や地理学、光学や建築などが扱われ、最後に音

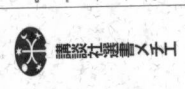

いるという、700頁を超える大著である。「音
探求し、説明する学問である」と始まる音楽の
り、本書でも概観した古代ギリシャの音階の
レッツォの《ヨハネ賛歌 Ut queant laxis》等に
という名にふさわしくさまざまな楽語や楽器に
ている。そして「Mode」の項目において次の

クターヴの範囲内の音の2倍の数がある。とい
のそれぞれは2つの音階に対して名を与えるか
1つは長3度を通じて、もう1つは短3度を通
のように、1オクターヴは12の音を含むのだ
ちることになる。(Ozanam：659)

音階とも訳出される用語であり、ここでは
しかし上記の説明における3度の長・短によ
識は紛れもなく、もはや"旋法"ではなく、
かもその数は24あると明記している。そして
る。
｜以降で、24の調について言及した著作とし
(Janowka, Thomas Balthasar. 1669–1741) の『壮
ﾋ Clavis ad thesaurum magnae artis musicae』
ル (Brossard, Sébastien de. 1655–1730) の『音
musique』(Paris. 1701, 1703)(23)、フレール
ﾞ–c.1740) の『音楽の移置 Transposition de
ハイニヒェン (Heinichen, Johann David. 1683–
1729) の『通奏低音の完全な習得のために―新たに考案された詳細教

フッサール、エドムント (Edmund Husserl 1859-1938)
オーストリア出身のユダヤ系ドイツ人。現象学的哲学を確立。ライプツィヒ、ベルリン、ウィーンの大学で数学、自然科学を学ぶ。後に、F. ブレンターノのもとで哲学を学んだ。彼は、『超越論的現象学』『現象学的観念(イデア)論』などにおいて絶対確実な所与を見いだし、それをもとに現象学の確立をめざした。対象の実在を素朴に認める態度を一時中止(エポケー)し、反省のままなざしを意識作用に向ける現象学的還元の必要を説いた。『厳密な学としての哲学』『ヨーロッパ諸科学の危機と超越論的現象学』などの著作がある。

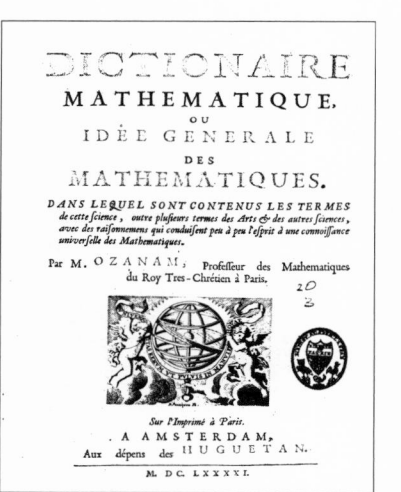
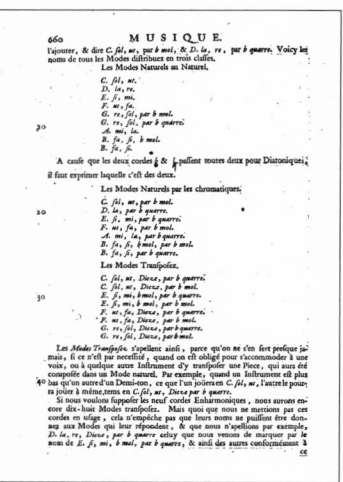

オザナン『数学辞典』（表紙と660頁にある24の調の列挙）

程 *Neu erfundene und gründliche Anweisung … zu vollkommener Erlernung des General-Basses*』（Hamburg. 1711）と続く。

　そして1713年のマッテゾンの『新設のオルケストラ』に至って24の長・短調の存在が確固としたものとなった、というのが一般的な通史としての西洋音楽史の書かれ方である。

　このようにして現在われわれが当たり前のように慣れ親しんでいる長・短調が、それ以前の12の旋法から引き継がれる形で登場したと書かれることが多い。そしてこの事象の説明として、「12の旋法のうちのイオニアが長調に、エオリアが短調に移行した」といった説明書きが現在でも西洋音楽を専門的に扱った書物で散見される。確かにこの説明自体が誤りであるわけではないが、しかしこうした説明は当時の状況を著しく矮小化したものだという指摘はすでに久しくなされてきている。たとえばダールハウスは『ニューグローヴ』の「調性」の項目で、「イオニア旋法とエオリア旋法が当初から長調と短調であったと考えるのは間違いであろう」と明記している。つまり先の説明書

きでは回収しきれない複雑な様相が17〜18世紀に渦巻いていたということであり、イオニアとエオリアがそれぞれ長調・短調に移行したといった単純なものでは決してなかった。そのいくつかを別個に確認してみよう。

　まず短調について言うと、そのモデルとなったのはエオリアだけでなく、ドリアこそがそうだったという経緯がある。この点については実はラモーの『和声論』ではっきりと明記されており（例えば第2巻第25章）、そこでラモーは短調の起源についてドリアとエオリアの両論併記の立場をとっている。またラモーの同時代人であったフランソワ・カンピヨン（Campion, François. 1686–1747）の『音楽のオクターヴの規則による伴奏と作曲に関する論考』（1716、以下『オクターヴの規則』と略記）においては、短調の説明に際してその範型は紛れもなくドリアであり、エオリアではない。つまり短調のモデルとしてはドリアとエオリアの2つがあったことが確認されるべきである。

　また実作品の面に言及すると、フィッシャー（Fischer, Johann Caspar Ferdinand. 1656–1746）作曲の《アリアドネ・ムジカ》（1702）が指摘されるべきである。これはバッハのいわゆる《平均律クラヴィーア曲集》の先駆とされる作品とされており、バッハ自身この《アリアドネ・ムジカ》の存在を知っており、これに範をとって《平均律》を作曲したと言われる。《平均律》が24のすべての長・短調でプレリュードとフーガが書かれているのに対し、《アリアドネ・ムジカ》の方は全20であるが、興味深いのはその構成である。

　両者ともC／ドの音を開始音として鍵盤を1つずつ上がっていく順序になっているのは共通しているが、しかし決定的な違いとして指摘されるべきは第6曲と第7曲である。ここでは他の長・短調に紛れて、フリギアとドリアでプレリュードとフーガが配されている。"AからBに移行した"という表現は両者はまったくの別物で共存は不可能という感を与えかねないが、しかし12旋法と24の調は共存不可能というのであれば、この《アリアドネ・ムジカ》のような作品は存立しえない。17世紀から18世紀にかけて、相当の期間これらの旋法と24の調はともに実践されていたのであり、また他方で両者は音楽の

《アリアドネ・ムジカ》 20 preludes and fugues:	【参考】《平均律曲集》バッハ
Prelude & Fugue No. 1 in C major	No. 1: Prelude and Fugue in C major
Prelude & Fugue No. 2 in C-sharp minor	No. 2: Prelude and Fugue in C minor
Prelude & Fugue No. 3 in D minor	No. 3: Prelude and Fugue in C♯ major
Prelude & Fugue No. 4 in D major	No. 4: Prelude and Fugue in C♯ minor
Prelude & Fugue No. 5 in E-flat major	No. 5: Prelude and Fugue in D major
Prelude & Fugue No. 6 in E Phrygian	No. 6: Prelude and Fugue in D minor
Prelude & Fugue No. 7 in E Dorian	No. 7: Prelude and Fugue in E♭ major
Prelude & Fugue No. 8 in E major	No. 8: Prelude in E♭ minor and Fugue in
Prelude & Fugue No. 9 in F minor	D♯ minor
Prelude & Fugue No. 10 in F major	No. 9: Prelude and Fugue in E major
Prelude & Fugue No. 11 in F-sharp minor	No. 10: Prelude and Fugue in E minor
Prelude & Fugue No. 12 in G minor	No. 11: Prelude and Fugue in F major
Prelude & Fugue No. 13 in G major	No. 12: Prelude and Fugue in F minor
Prelude & Fugue No. 14 in A-flat major	No. 13: Prelude and Fugue in F♯ major
Prelude & Fugue No. 15 in A minor	No. 14: Prelude and Fugue in F♯ minor
Prelude & Fugue No. 16 in A major	No. 15: Prelude and Fugue in G major
Prelude & Fugue No. 17 in B-flat major	No. 16: Prelude and Fugue in G minor
Prelude & Fugue No. 18 in B minor	No. 17: Prelude and Fugue in A♭ major
Prelude & Fugue No. 19 in B major	No. 18: Prelude and Fugue in G♯ minor
Prelude & Fugue No. 20 in C minor	No. 19: Prelude and Fugue in A major
	No. 20: Prelude and Fugue in A minor
	No. 21: Prelude and Fugue in B♭ major
	No. 22: Prelude and Fugue in B♭ minor
	No. 23: Prelude and Fugue in B major
	No. 24: Prelude and Fugue in B minor

フィールドの覇権をかけて互いに争っていたというのが実情であった
ろう。付言しておけば、フーガの実習まで達したものにとってはこの
《アリアドネ・ムジカ》と《平均律》の対比・分析は極めて興味深い
対象となるであろう。

　またこれは作曲とは異なる実践であるが、当時においては「ドリア
調号」や「フリギア調号」といった記譜と読譜の慣習があったことも

指摘されるべきであろう。これはその楽曲の調を明示するために五線譜の冒頭部分に記載されるシャープとフラットの記号に関するものであるが、長調においてシャープの数を故意に１つ少なく、短調においてフラットの数を故意に１つ少なく表記する慣習のことである。この点はラモーの『和声論』において言葉で説明しているのであるが、実作として有名なところではバッハの《トッカータとフーガ　ニ短調 BWV 538》やヴァイオリン無伴奏組曲に含まれる楽曲を挙げることができる（譜例㉓参照）。前頁図右側にバッハの《平均律曲集》の一覧を挙げたが、確かにそこに見られるのは24の長・短調だけであり旋法による曲はない。したがってこの曲集が長調・短調の世界の確立の象徴として挙げられることも多い。そのこと自体間違っているわけではないが、しかしそれではバッハの頭の中には長・短調の概念しかなかったのかと言えば決してそうではなく、旋法のあり方も疑いなく存

譜例㉓　J. S. バッハ《ヴァイオリン無伴奏組曲 SonataI BWV1001》冒頭

この楽曲の調はト短調とされるが、現在の慣例ではト短調は冒頭に♭が２つ必要とされるところ、この譜例のように実際には♭１つで書かれている。こうした記譜が実際になされていたということは、18世紀前半ではまだ旋法の実践の経験の影響が強く残っており、こうしたドリア調号による記譜の方が慣れ親しんで便利だったからという面があったであろう。またバッハの創作においてはこうしたドリア調号が使用されていたか、あるいは完全に24の調の調号になったかが作曲時期の確定につながることがある。

在していたことをこの楽譜は例証している。

　またこれを最後の点とするが、24の調の出現に関わったのは12の教会旋法だけではなく、「詩編唱定式調（英：psalm tone）」という別個の音列体系の存在もあったことが指摘されてきている。この指摘は複数の研究者によってなされてきているが、『ニューグローヴ』における「旋法」の項目の執筆担当であったハロルド・パワーズは同項目で以下のように明確に書いている。

　　　仏語圏あるいは独語圏のカトリック諸国を巡る、回りくどいが追跡することが可能なルートを通じて、バンキエーリの８つの"詩篇唱定式調psalm-tone key"として始まったものが、最終的にマッテゾンの『新設のオーケストラ』における24の長・短調システムへと統合された。("Mode". NG2)

　この引用でぜひとも確認されるべきなのは、24の長・短調に統合されたのは詩編唱定式調の方であって、今までわれわれが見てきた教会旋法についてはまったく引き合いに出されていない点である。パワーズの主張では17世紀のヨーロッパにおける旋法理論とオルガンの実践が調性音楽へと接続されていったという通説はあまりにも短絡的かつ一面的ということになる。この点をさらに掘り下げた同著者の論文「詩編唱定式調から調性へFrom Psalmody to Tonality」（Powers 1998）があり、この中でパワーズはいかにこの詩編唱定式調がマッテゾンの『新設のオルケストラ』（1713）へとつながっていったかを詳細かつ具体的に跡付けている。

　ではまず詩編唱定式調とは何かということが明らかにされるべきだが、これは17世紀初頭のイタリアにおける（カトリック教会内の）反宗教改革運動の中で形を成してきたものとされる。具体的にはこの時期にカトリックの祭儀の中の晩課 Vespers において詩編唱に構造上の変化が生じてきたことが契機となって発生したものであり、この詩編唱定式調をもととして作曲活動を展開したのが上の引用中に名前を出されていたバンキエーリ（Banchieri, Adriano. 1568-1634）である。教

譜例㉔

施法（mode）と詩編唱定式調（tone）

（『ニューグローヴ』「旋法」
を参照して作成）

会旋法と詩編唱定式調を一覧にまとめたものを譜例㉔に掲載する。

　ここから分かる通り、一部重なり合うところも確認されるとはい
え、教会旋法と詩編唱定式調とを同一視することは不当である。パワ
ーズはこの両者は決定的に異なると強調する。

　　それら（旋法と詩編唱：引用者注）は音楽上の存在として、まっ

第4章　調と調性　131

たく別個のものなのである。実際それらは全く異なる存在論的平面に立脚している。"旋法"とは抽象的な理論上のカテゴリーであり、"詩編唱調"とは具体的な音楽的実在である。(Powers：1998：289)

本書でも旋法とは"範型"であると繰り返してきたが、それに対して詩編唱定式調はそれこそ晩課において詩編を朗唱する実作づくりのためのより具体的なフィールドであるということができよう。そしてこの詩編唱定式調が24の長・短調へと接続されていったのであり、そのことを考えれば現在に至るまでこの詩編唱定式調はあまりにも不当に等閑視されてきたとパワーズは語気を強める。

バンキエーリをはじめとして、その他にこの詩編唱定式調をもとに創作活動をした作曲家としてはポンティオ(Pontio, Pietro. 1532–1596)らがいたが、そうした楽曲がフランスのティトルーズ(Titelouze, Jean. c.1562–1633)やニヴェール(Nivers, Guillaume-Gabriel. c.1632–1714)、そしてドイツのプリナー(Prinner, Johann-Jacob. 1624–1694)やシェーラー(Scherer, Sebastian Anton. 1631–1712)らに伝播し継承されたことをパワーズは実証的に詳しく追跡調査をしている。その追跡の内実については専門的知見を伴う詳細を極める考察が必要なので本書でこれ以上扱うことはできない。ここではそのとりあえずの一つの到達点ともいえる、マッテゾンの『新設のオルケストラ』の24の調のあり方に注目する。

1、d-minor／ニ短調	むしろ献身的、穏やか、喜ばしく満足感を与える
2、g-minor／ト短調	優しく、活気づける。満足を与え、胸を焦がす
3、a-minor／イ短調	むしろ沈痛で、辛抱強い
4、e-minor／ホ短調	哀愁を帯び、困惑し、悲しい
5、C-major／ハ長調	屈強で、大胆な性格
6、F-major／ヘ長調	寛容さ、忠実さ、愛

```
 7、D-major／ニ長調　むしろ鋭く、頑固
 8、G-major／ト長調　ほのめかすようでいて、雄弁
```

「これら8つの調がもっともよく知られるものであるが、次の諸
　調も同じくらい有用で快いものである」

```
 9、c-minor／ハ短調　極端に愛らしいが、悲しい
10、f-minor／ヘ短調　温和で、感傷的。心配と絶望
11、B♭-major／変ロ長調　気を晴らし、壮大
12、E♭-major／変ホ長調　ただ真面目で、悲しげ
13、A-major／イ長調　輝かしくあるが、また同時に痛ましく
　　心を打つ
14、E-major／ホ長調　病的に悲しい。寄る辺なく、絶望的
15、b-minor／ロ短調　奇妙で、喜びを欠き、憂鬱
16、f♯-minor／嬰ヘ短調　苦悩。しかしより活気がなくなる
　　感じ
```

「すべてを知ることを望む者は次の調を加えなければならない」

```
17、B(H)-major／ロ長調　矛盾していて、硬く、不快で、絶
　　望的
```

18、F♯-major／嬰ヘ長調	B-major／ロ長調以外のこれ
19、g♯-minor／嬰ト短調	ら残りの調が生み出す効果に
20、b♭-minor／変ロ短調	ついてはまだほとんど知られ
21、A♭-major／変イ長調	ておらず、後世にゆだねられ
22、c♯-minor／嬰ハ短調	るべきだろう。
23、C♯-major／嬰ハ長調	
24、d♯-minor／嬰ニ短調	

『新設のオルケストラ』が24の長・短調のあり方の決定版としてしばしば名指しされると述べておいたが、その理由として、ここに見られるように1から17までの調の「情感Affect」が具体的に記載されていることが挙げられるだろう。アフェクトについてはすでに本書でも触れたし、また本格的に言及するが、24の調の出現という観点に注目する現在の流れにおいてパワーズはこれが8あるいは12の旋法がもとになったのではなく、この24の長・短調の統合の礎になったのは「詩編唱定式調」の方であると明言している点が重要である。ただし12旋法とこの詩編唱定式調との間には強い類縁性もあることはわれわれも上で見た通りであり、したがって12旋法のあり方が無関係であったということでは決してないが、しかし他方で「12旋法から24の長・短調へ移行した」という見方がいかに矮小化された一面的なものであるかがここでも確認されなければならない。

　そして18世紀という時代が下るにつれ、確かに音楽のフィールドとして主流となっていったのは24の長・短調の方であり、旋法に依拠した音楽制作は圧倒的に鳴りをひそめるようになってしまう。それは例えば当時通奏低音の実践において極めて大きな役割を果たしたとされるフランソワ・カンピョンの『オクターヴの規則』(1716) では、従来の12旋法が「慣例の旋法」という名で呼ばれ、その古さが批判されており、そして従来の旋法に関する具体的言及は皆無であり、長短の二元論に基づいて通奏低音の実践が説明されている。またさらに徹底的なのはラモーの『和声論』(1722) であり、ラモーはそこで旋法における音の配置は間違ったものであり、音楽には12の長調と、12の短調しかない、と断定的に明言するに至る。

　しかしこうした目立つ言説だけに注目して旋法の衰退が一気に決定的になったとするのは明らかに間違いである。というのも例えば『パルナッススへの階梯』の著者フックス (Fux, Johann Joseph. 1660–1741) や、記念碑的な『音楽事典』の著者ヨハン・ゴットフリート・ヴァルター (Walther, Johan Gottfried. 1684–1748) などは、24の調に疑義を呈したり、あるいは明確に反対の意を表明していた。特にフックスは1710年にマッテゾンに宛てた私信の中で、われわれがグイド・

ダレッツォのところで確認した 6 つの音によるソルミゼーションこそが子供たちに歌唱を教える教育的ツールとして通用するものだと、強く推奨していた。このように 24 の調を批判し、従来の旋法を熱烈に支持する声が 18 世紀当時にあってまだ存在していたことは無視されるべきではない。

したがって、18 世紀において 24 の調は現在のように自明で確固とした存在であったわけでは決してない。そして「旋法から 24 の調への移行」という言説もこれだけでは正確性を欠くものであることが理解されるだろう。18 世紀の特に前半は旋法と 24 の調とは共存し、また互いにせめぎあっていた状況にあり、それが時代を下るにつれて 24 の調の圧倒的優位が次第に動かしがたい現実となっていく中で、いつしか旋法に基づく楽曲制作の方が音楽実践の舞台から姿を消していった、というのが実情であったと捉えられるべきであろう（しかし完全に消滅したわけでは決してない）。

（6）音階と情感——アフェクト論で調を語る

さてここまで、旋法にしても、長・短音階にしても、1 オクターヴにおける音の配置の問題を見てきた。そして、興味深いことに、ある音階の音の並びを聞くとそれは人にある"感興"とでもいうべきものを呼び起こすようである。それはプラトンやアリストテレスのところでわれわれが見たような「エートス」論であったり、あるいはマッテゾンの『新設のオルケストラ』が 24 の調の決定版と見なされるのは、特にその最初の 17 の調に関してそのそれぞれが"どういった感じ"を聴き手に与えるのかを明示している点にあると述べた。ここでまた「第一作法」と「第二作法」の決定的な違いを確認しておこう。

端的に言って、「第一作法」の擁護者の主眼は、神の栄光を讃え、神が造りたもうた完全性を遵守することであって、人間の感情／情感がプライオリティーを得ることはなかった。それに対してモンテヴェルディが自らの「第二作法」を声高に主張したのはそれがまさに人間の情感の表出にどうしても必要なものであったからだ。ここでもモン

テヴェルディが人間の情感へと大きく舵を切ったことの後世への影響の大きさが確認されるべきである。

このようにある旋法あるいは音階に基づく音楽がいかなる情感を醸し出すのかという点は、特にバロック初期のドイツ語圏で「アフェクテンレーレ（情念論）」として議論されるようになった。そして24の調の存在が確固としたものになってくるにつれ、例えば「ハ長調と言えば〜〜といった感じ」というようなそれぞれの調が有する"特性"が明確に意識されるようになり、それがまた大きな伝統を形成していくことになる。

この"調の特性"の問題に関して非常に有益な論考がリタ・ステブリン（Steblin, Rita. 1951–2019）著『18世紀と19世紀初期における調の特性の歴史』（初版1983、第2版2002）である。この著作では後半の「付録」において、「付録A」では24の調のそれぞれについて当時の作曲家、理論家、批評家たちがどのような"特性"で描写していたかを一覧にし、「付録B」では前述のマッテゾンの『新設のオルケストラ』をはじめ、調に関わる当時の重要著作を原語で確認し、「付録C」では同書で引用された重要な調の特性に関するテクストが羅・英・伊・仏・独の各国語で正確に引用しなおされている、という徹底ぶりである。

このような重厚な研究を現実のものとさせるほどに、それぞれの調が有する特性というのは深く音楽的現実に関わっていた。例えば、ハ長調ひとつを取り上げてみても、ハイドンの《天地創造》の"Und es ward Licht!"や、モーツァルトのピアノ・ソナタ第16番 KV545や《ジュピター交響曲》、ベートヴェンのピアノ・ソナタ Op.53、シューベルトの《ハ長調交響曲》や《さすらい人幻想曲》などと次々に有名どころを挙げられるであろうし、またこれらの楽曲がひとしなみに明快で快活な印象を与えるものと、とりあえずは言うことができるであろう。その参考としてこのステブリンの著作の「付録A」からハ長調に関する重要人物たち（総勢40名弱）のコメントをいくつか選択して引用すれば以下のようになる（人名と発言年代、そしてハ長調の特性のみを簡略した形で記す）。

ジャン・ルソー　1691　陽気で雄大

マッテゾン　1713　粗野で軽率だが、歓喜や喜びで満ちている
ときにふさわしい

ラモー　1722　陽気さと歓喜

ゲオルク・フォーグラー　1778　華麗

シューバルト　1784　完全に純粋、無垢、簡潔、素朴、子供の
おしゃべり

ゲオルク・フォーグラー　1812　威厳のある調。重々しい。魅
力／魔力に欠ける

E・T・A・ホフマン　1814　荒れ狂う熱狂、歓喜のダンス

カスティル゠ブラーズ　1821　陽気、輝かしい、好戦的

ロベルト・シューマン　1835　簡潔、飾り気のない

ベルリオーズ　1843　重厚だが、鈍くあいまい

　これはハ長調だけの、しかもごく一部の音楽家・評者の例にすぎな
いが、ステブリンの研究書ではこれが24のすべての調にわたって総
覧の形でまとめられている。つまり、長調・短調に基づく音楽が姿を
現し、確固としたものになったことによって、個々の音楽家たちが
24の調の特性／性格についての私見を開陳するようになっていった
わけである。

　さて、ここで誰しもの心に去来するであろう問題というのは、では
こうした調の特性／性格というのは、何か客観的なデータに基づくも
のなのか、という点であろう。上に挙げたハ長調に関する個々人のコ
メントには、確かに大局的に見れば共通する性格が見られるものの、
そもそも全員が等しくこのハ長調に接しているということはできない
し、細かなニュアンスにまで注目すれば決して看過できない差異があ
る（ここには翻訳の問題もあり、これがステブリンの著書に「付録B、C」
が掲載されている理由でもあるが、上に挙げた形容辞は、訳者によって微
妙に訳語の選択も異なってしまうだろう。したがって興味のある読者には
原書の言葉遣いに留意される必要がある）。実際のところこれらの調の
特性／性格を巡って西洋音楽の歴史では侃々諤々の論争が戦わされて

きたのだし、そうした議論の量と熱さは、ステブリンの著作が示す通り、一冊の書物にもなるほどである。

　またこの問題は純粋に調の問題に留まらず、複数の複雑な要因が絡んでいることを確認しておくことは重要である。というのも、同じ調の音列／音階でも、例えば「ハ長調のドレミファソラシド」をとってみても、これを奏する楽器や人間の声の音色によって調の性格が変わったと捉えられることは現実にありうる。さらに複雑な問題としては、音律と楽器の調律の問題も深く関係する。なぜなら、ごく簡単に言えば、平均律以外は音階における諸音の音程幅は不均等であり、特にその不均等な音程幅が生み出す音のぶつかり合いもそれぞれの調の印象に影響を与えることは必至だからだ。18世紀のヨーロッパにおいては平均律は現在のような認知と普及を見せておらず、こうした諸点を巡って、ラモーとルソーの間に、またマールプルクとキルンベルガーの間などで激しい論争が生じたのだった。また確かに平均律はその後の西洋音楽において趨勢となるに至り、実際平均律は他の音律よりも24の調の間をスムーズに移行する体系でもあったことから、何調から何調へ移行するのかという、転調というシステムも当然、調の特性／性格の問題に影響を与えないわけがなかった。

　以上のような問題を踏まえたうえで、それでは“ある調がそれに相応した雰囲気を醸し出す”というのは音楽的現実なのか、それとも音楽的迷信なのか？　まさにこの課題に取り組んだのがステブリンの前出の著作であったわけだが、ステブリンも自身以前にこの課題に取り組んだいくつかの重要な先駆的研究があったことを認めている。そうした先駆的研究とは、この問題を１. 物理的要因、２. 生理学的要因、３. 心理学的要因というカテゴリーで捉えてみる方法であり、１. は上述の楽器や声といった音響学の側面からのアプローチであり、２. はむしろ音と人間の聴覚の問題、そして３. はこの24の調を領域とする学習プロセスと知覚の問題、である。

　このように調にまつわる問題を総合的に捉え、考察したステブリンは結論部分で以下のように指摘する。

確実を期すために言っておけば、決定的に重要な問題というのは、今日の音楽家たちが調の特性の問題を見ているかではなく、むしろ歴史においてこの論点がどのように見られていたかである。調の特性に関する科学的な基礎があるのか、あるいはかつてあったのかどうかという疑問は取るに足らないimmaterialことだ。重要なのは過去のこれほど多くの音楽家たちが調の特性は存在すると信じていたことだ。われわれは一定の作曲家や理論家がどのように調を把握していたかを確かに知っている。そして18世紀後半と19世紀初頭における調のアフェクトに関する一定の慣例に関する証拠には議論の余地はない。このことがわれわれの音楽の理解に付け加えられるべきである。この著作はこれらの考えの実践面の適用という観点からは音楽を分析しようとは努めなかったが、この著作の結果が、他の人々が音楽を注視し、そして自分自身の結論に至る原因を作ることが期待されている。またさらには現代の音楽家たちに、調keyとは音楽の隠された本性のいくらかを開示しようとする"鍵key"であることを確信させることさえするかもしれない。(Steblin : 192)

「音楽の隠された本性」という表現にはさまざまな意見があるであろうが、しかし上記引用の前半は、注意深い言葉の選択がなされながらも、結局のところ調の特性に関しては科学的根拠はないことが認められていると解されるべきであろう。
　先述の通り、調の特性に関してはさまざまな問題が複雑に絡んでいるので、短絡的に確定的なことは述べられるべきではない。そのことを踏まえたうえでステブリンは大方の傾向として、調の特性の描写はその初期においてはそれぞれの論者が「個人的な印象を語っていたものであり、それらの印象の間にはほとんど相関関係はなかった」(*op. cit.* : 190) という状況であったが、次第に時代が下ると総体として理解の広がりを見せ、一貫性のようなものも見え始めると指摘している。それは例えば転調の問題を持ち出せば、転調の基本ともいえる５度上への転調（シャープ領域あるいはドミナント領域への移行）や５度

下への転調（フラット領域あるいはサブドミナント領域への移行）が「上下」という"物理的関係"で捉えられ、例えばフラット領域への移行が「悲しさ」や「暗さ」と結びついたことが挙げられる。しかし「調の特性の唱道者たちが"物理的原因"を見つけだそうとしていたとしても、しかしそれは実際は"心理的な要因"だったのである」（*op.cit.*：189–190）。この指摘は重要であり、任意の調が何らかの感興を先験的に有するということにはやはり科学的根拠はないとステブリンも認めている。そうではなく、継時的に長い時間をかけて実践され続けることでこの「シャープ・フラット原理に基づく調に関する連想は18世紀の後半までに一つの慣例となったのである」（*op.cit.*：190）と続けている。

　つまるところ「24の調が人間に与える感興や情感には科学的根拠はない」という結論になるが、こうした結論を明示すると西洋音楽の価値が貶められたり、傷つけられたと受け止められることがある。しかし、この結論は必ずしもそうした主旨にはならないはずである。

　科学的根拠がなければ価値がない、あるいは高い価値を有さないというのもあくまでも一つの見解である。科学の裏付けはなくとも、西洋音楽はそうした24の調がもつ情感や雰囲気といったものに関する意見や見解を育み続け、激しい議論とともに発展させ、継承させていった。それは、西洋文化の長い歴史と伝統の中で、音楽という領域に携わってきた者たちがさまざまな相互作用を経ながら醸成させてきた、一つの財産と言えるはずである（著者には上のステブリンの結論はこれと同じことを言っているように考えられる）。この財産を無思慮・無反省に後生大事にするという態度も首肯できるものではないが、しかしこの遺産が無価値であったり、意味がなかったりするわけではない。この財産あるいは遺産はその後数百年の時を経て世界の多くの場所へと伝播し、そして21世紀初頭の日本にあっても、24の長・短調をフィールドとする音楽は依然として圧倒的な存在でありつづけているという現実はいささかも揺らぐことはないのだから。

第5章　調性とは何なのか

（1）調性を歴史的に捉える視点

　12の長調と12の短調から成る24の調の姿が17世紀の後半から末にかけて確認されるようになったことを以上で見てきた。それに対して「調性」という用語はさらに100年以上も遅れて、19世紀の初頭から使用されるようになったことになっている。「調性」あるいは英語のtonalityはフランス語のtonalitéがもとになっているとされるが、このtonalitéを最初に使ったのはアレクサンドル゠エティエンヌ・ショロン（Choron, Alexandre-Étienne. 1771–1834）というフランスの作曲家・理論家であったとされる。その使用例が確認されるのが1810年の著作『音楽家歴史事典』の冒頭に付された「導入—音楽史の要約」と、アルブレヒツベルガー（Albrechtsberger, Johann Georg. 1736–1809）のドイツ語の著作『詳細作曲教程 *Gründliche Anweisung zur Composition*』（1790）のフランス語訳（1814）における訳者注においてである。その2つを引用して確認しておこう。

　まず前者の著作において「ギリシャ人たちの調性la tonalité des Grecs」から「カトリック教会の調性la tonalité ecclésiastique」が生じたとショロンは指摘し、その後"われわれの調性"に関して言えばそこには長音階と短音階の2種しかないと述べたうえでこう続ける。

　　この調性はまったく現代的である。（中略）この現代の調性
　　cette tonalité moderneがより強力に感じられるようになり、この
　　調性が作曲に影響力を行使するようになったのは16世紀の時間
　　の流れにおいてである。（中略）この現代の調性の感覚はたんに
　　旋律に対してだけでなく、さらには和声と対位法にも作用したの

である。（Choron：xxxvii–xxxviii）

　ここでショロンの言う「現代の調性」が先にわれわれが確認した24の調のあり方とおよそ重なるものであることが分かる一方、しかし「調性tonalité」を全体として見ればそれは「現代の調性」に留まらず、それ以前にも調性は存在していたという見立てをショロンが示していることは確認されるべきである。その点、前述のアルブレヒツベルガーの『詳細作曲教程』の仏訳の注では2つの調性が次のように簡潔に対置される。

　　われわれの時代に至るまでに音楽においては2種類の調性が存在していた。1、古代の調性la tonalité antique。これはギリシャ人たちの調性から続いているものであり、そして今日においても単旋律聖歌、あるいはグレゴリアン・チャントにおいて存続しているものである。これはカトリック教会で使用されるもので、特にローマ教会においてそうである。2、現代の調性la tonalité moderne、あるいは世俗の調性tonalité vulgaire。これは一般にヨーロッパの現代の諸国において使用されているものである。これら2つの調性が、われわれがいま言及している表現様式のそれぞれのシステムの基礎である。（Albrechtsberger：7–8）

　内容的には前者の引用と重なるところが当然多いが、しかし調性に関し“古代”と“現代”を対置させる形で西洋音楽史を見立てている点は注目に値する。「調性」という用語の使用例はこうしたショロンやアルブレヒツベルガーの著作に端を発する。
　その後「調性」という用語はイエレンスペルガー（Jelensperger, Daniel. 1799–1831）やカスティル゠ブラーズ（Castil-Blaze, François Henri Joseph. 1784–1857）らがその使用に関わった経緯があったが、この用語のさらなる普及に大きな役割を果たしたのはフェティス（Fétis, François-Joseph. 1784–1871）の1844年の著作『和声の理論と実践の総論』であったとされる。この著作はフェティスの存命中だけで

も9回も版を重ねたことからも窺われるように、後世に大きな影響を残すことになった。全4巻、250頁以上にわたる専門的な論考である。

　この『和声の理論と実践の総論』においては冒頭の「序文 Avertissement」からして「調性 tonalité」という語の使用が複数確認され、和声の歴史について、数比と倍音という物理現象との中に原理を見いだそうとしたラモーを先駆として位置づけながら、論述が展開していく。例えばここでは、「属七の和音における吸引力を有する諸音の必要とされる解決、音階における諸音の位置、おなじく音階の5度音程の連鎖の法則」（Fétis：iii）などが諸音間の必要な関係性を決定するものと名指しされ、「これらが一般に調性の名で指示されているものである」（*ibid.*）と述べている。他にも「調性」はさまざまに登場するが、特に調性の意味合いで重要なのは第1巻の末尾の以下の箇所であろう。

　　この論考では、従来長い間引き延ばされてきた、以下の質問に対する解決が見いだされるだろう。それは見かけは極めてシンプルなものである。*調性とは何なのか！*　この文言は一般的な用語において次のように表明されうるだろう。*調性とは、音階の諸音の必要とされる連続的また同時的な関係性の集積から形成されるものである。*
　　それゆえに、ここまでに開示してきたばかりの音の諸法則 les lois tonales に音の和声の理論の全体があるのみならず、この和声と旋律の統合も、つまり一言でいえば、音楽全体の統合も存するのである。（*op.cit.*：22 斜字は原文）

　ここでは「調性」という用語に簡潔な定義づけがなされており、それが次の段落で「音の諸法則」と言い直されている点が注目に値するであろう。調性という言葉をフェティスは"音の法則性"といったほどの意味合いで捉えていることがよく分かるくだりである。そしてさらに注目すべきは第3巻第2章の題名「属音上の7度の自然不協和音

とその派生和音が現代の調性la tonalité moderneとそれらの和音の吸引力を生み出した」である。前者の下線部は本書でも注目してきた属七の和音のことを指しており、フェティスが"現代の調性"の登場には属七の和音という契機が必要不可欠であったという認識を有していたことを明確に示している。つまりここで「現代の調性」で意図されているのはモンテヴェルディ以降のことであり、フェティスはパレストリーナを比較の対象とすることで、モンテヴェルディの革新を「新しい調性la nouvelle tonalité」とも呼んでいる。このように調性の大きな分水嶺をモンテヴェルディに見ているわけだが、この見立てはすでにショロンも提示していたものである。両者のテクストを引用してその共通性を確認しよう。

　　（パレストリーナ派に言及した後で：引用者注）しかしもっとも重要な一歩はまだ踏み出されていなかった。ロンバルディー派の大家（Cf.モンテヴェルディ）、彼は1590年頃に活動していたのであるが、その彼が属音（ドミナント）の和声を生み出したのだった。彼が初めて、属七の実践を敢行したのである。（Choron：xxxix）

　　ヴェネツィアの作曲家であったモンテヴェルディが本能的に属七の和音の和声を見いだしたのが17世紀初頭のことであり、ここから彼が現代の調性と音楽の水平面の要素を引き出したその後で、彼はまず控えめに、そしてある種の内気さをもって、この自然不協和声（モデュラシオン）を使用したのである。（Fétis：165-166）

　内容に多少の差異はあれども、両者とも「現代の調性」の出発点はモンテヴェルディにあり、特に彼の属七の和音の取り扱い方にあったと見なしていることは明らかである。それはわれわれが《つれないアマリッリ》で詳しく見た、あの属七の和音の特権化のことに他ならない。つまりわれわれは"現代の調性"の創始者として、モンテヴェルディの革新性を今一度ここで再確認すべきであろう。

（2）多義的な調性

さてわれわれは「調性」という用語に注目して、この用語の初出あたりの用例を見ることにより大雑把に言ってそれが“音の諸法則 les lois tonales”といったほどの意味で使われていたことと、その新旧の法則性のはざまにまさにモンテヴェルディがいたことを確認した。その後「調性」という言葉は、そもそもがおおまかな“法則性”といった語義を担っていたこともあるであろうが、さまざまな文脈においてさまざまな意味で使用されることになり、現代ではむしろ「調性」に断定的かつ統一的な定義を下すことは極めて困難な状況になってしまった。

こうした中、「調性」を考えるうえで極めて重要な参照先がブライアン・ハイアー（Hyer, Brian）の論文「調性 Tonality」である。この論文はもともと英語圏におけるもっとも信頼される典拠先である *NG 2*（2001）の“Tonality”の項目として執筆されたものであるが、その内容の重要性ゆえ2002年の西洋音楽理論における記念碑的論集 *WMT* に修正を施されたうえで再録された。以下では後者に則ってハイアーの論を追ってみよう。

ハイアーは、「調性」という言葉にはおよそ“1600年以降の協和と不協和が織りなす音楽”という共通理解があることが認められる一方、しかしこの語が内包するであろう膨大、多様、複雑な内実と、ヨーロッパの諸言語内における語彙の問題等も含めるとこの語の定義はむしろ紛糾して当然という見方を示す。そうした中でハイアーは「調性」の意味合いを8つにまとめ上げる。そのそれぞれの陳述の長短にはかなりの差があるのだが、以下ではこれら8つの内容を極力簡潔に圧縮した形で示す。（Hyer：727-728）

［1］「調性的」と形容詞的に使用されるとき、この語は音高現象のシステマティックな組織化のことを指し、西洋・非西洋の音楽の双方に当てはめられる。例えば、8つの教会旋法、インドネシアのガムラン音楽、アラブの旋法理論、インドのラーガの音階の配列、トニッ

ク・ドミナント・サブドミナントの一群によるラモー理論、12音音列による音楽、これらはすべて「調性的」と言える。

　［2］名詞として使用される際は、およそ"音楽現象の合理的で自己充足的な配置"のことを指す。「調性」それ自体は理論的抽象であるが、また他方で理論的構造から音楽的現実へと変容することもある。したがって「調性」は理論面と具現化の二面性を有する。

　［3］西洋音楽の伝統内では、「調性」は「旋法」と「無調」とに対比される形で使用される。つまりおよそ1600年以前の旋法の音楽から調性音楽、そして調性音楽から無調音楽（およそ1910年頃）の流れというものを不連続なものとして見なす見方である（斜字は原文）。

　［4］ある歴史家たちは［1］のような見方に立脚しながら、およそ1600年を決定的な分け目として「古代の調性」と「現代の調性」に分け、両者に連続性（旋律の動きやカデンツの形式、協和と不協和の連続性、旋律の動きを支えるバスラインの存在など）を確認する。

　［5］調性とは「参照先となる主音referential tonic」との関係で調整され、想定される音楽現象のことである。つまりハ長調の場合にはハ／ドの音の意識がつねについて回るということである。

　［6］心理学的な意味において「調性」とは知覚される、あるいは前もって解釈される、音高関係の現象のことである。例えば、ピアノの中央のドの上に位置するラは、ミ♭の増4度上、ファ♯の短三和音の真ん中の音、レに対する属音（5度上の音）であり、これらはすべて440Hzの周波数に相当する。

　［7］「調性tonality」はしばしば「調key」の同義語として使用される。仏語のtonalitéはtonをもとにしたものであり、tonは「音」「全音」の他に「調」の意味を有するが、さらにtonalitéは「参照先とな

る主音（レファレンシャル・トニック）」を目指して構築される音関係を統治する「調的なものkeyness」を意味する。

［8］もっとも一般的な使用例として、「調性」はおよそ1600年から1910年までの西洋音楽における、長音階と短音階を前提とする、「参照先となる主音」を巡る音楽現象の配置のことを指す。これは旋律の動向と和声進行を用い、予期と欲望を制御しながら終着点を目指す原理的な手段であり、和声と旋律、拍節とフレージング、音域と構成とに整合性を与え、音楽全体を射程に収めることを指す。

「調性」を把握するために重要な諸点が要領よくまとめられている。ここでは例えば狭義においては［4］でわれわれも確認してきたショロンやフェティスの論旨が扱われているし、広義においては［1］に見られるように非西洋圏の音楽も捉えられる点が的確に指摘されている。

（3）主音の存在──調性音楽の核心

ここで、本書でいまだ注目しておらず、このハイアーのまとめにおいて特に強調されている点として「参照先となる主音」に注意が促されるべきである。これは訳出に困る表現であるが、しかし「調性」を考える際の最重要論点の一つと言ってよい。本書ではモンテヴェルディの《つれないアマリッリ》の冒頭部を詳細に検討し、そこでの「属七の和音／ドミナント・セブンス」の取り扱いの特権化が音楽の新たな局面を切り開くことになった点を確認した。まさにこの「属七の和音」の特権化にショロンやフェティスは「調性」の新旧の境目を見いだしたわけである。しかしさらに重要な点として、なぜこの属七の特権化がここまで重要であったかが是非とも踏まえられるべきである。
つまり属七は何のための和音かと言えば、それは他でもない主音／主和音の登場を予期させる期待感を準備し、その到来を告げ知らせるものである。この主音／主和音こそがフレージングを締めくくるもの

であり、そしてその締めくくりからまた新たなフレージングが始まる。すなわち楽曲の節目の開始と末尾を司るのは主音／主和音であって、属（七）の和音はその前触れを成し、主音／主和音へと極めて強い牽引力によって収斂していくという流れを形成する。この流れは属七の和音が内包する "音楽の悪魔" という不協和音程と、主音の半音下に位置する導音とが、限定進行によって主音／主和音へと至る構造になったことは本書でも詳しく見た通りである。

　この構造はP−i−P原理でも、カデンツ進行でも捉えられるが、その終結部のi−Pの部分、あるいはD−Tの部分が属七の和音−主和音に相当する。つまりモンテヴェルディの革新とは、ただ単に不協和を内包する属七の和音の登場を従来の仕方よりも自由にできるようにしたと言うに留まらず、その先に構造的必然性として控えている主音／主和音の到来をもより自由にした、ということである。カデンツ進行の結末部のD−Tのワンセットを、第一作法あるいはスティレ・アンティコにおけるよりも自由に用いることを現実的に可能にしたのがモンテヴェルディであった。それは主音へと向かうフレーズや楽曲の締めくくりをより柔軟性をもって作曲することを意味したのであり、この革新の意義は計り知れない影響を後世に及ぼすことになった。あらゆる楽曲は、多くのケースにおいて主音／主和音によって開始され、不協和を経ながら属七の和音を自由に登場させ、その先の必然的帰結である主音／主和音へと収斂して終わるのが、調性音楽の基礎構造なのだ。

　この始めと終わりの役を担い、そして主和音を支えているのが主音である。そしてこの主音は任意の音階の第1音に相当する。「参照先となる主音」という表現で意図されているのは、楽曲はつねに主音に向かって進行するものであるということであり、またさらには、楽曲のいかなる部分であっても例えば「今は主音がドのフレーズを聞いているはずだ」というような推測を働かせられる作りになっていることが「調性」の一大特徴と言えるだろう。

　ただし、現在の調性音楽では、曲想や雰囲気を変えるために、1つの楽曲内で複数回 "転調" することの方がスタンダードなので、楽曲の箇所によってはその参照先となるべき主音が変わるため、想定され

るべき主音は必ずしも１つというわけではない。つまり局所的には転調先における「参照先となる主音」があり、楽曲を大局的に見ればその楽曲が全体として志向し、その音を中心に展開する「参照先となる主音」がある。第４章冒頭で挙げた「ベートーヴェン交響曲第５番　ハ短調《運命》」やストラヴィンスキー「詩編交響曲ハ調」などの「ハ／ド」の音がこの主音に相当する。こうした一音を巡る音配置こそが「調性」の一大特徴であることを「参照先となる主音」という表現は的確に捉えている。

「調性」という言葉を考える際にはこの主音の存在は絶対に看過できない。それはハイアーの上記の［８］の点がよく示している通りである。楽曲を支え、中心となるのはこの「参照先となる主音」である。属七の和音の重要性はこの主音／主和音とセットで捉えられるべきであり、属七の和音によって終結部が予告・準備されたフレーズが主音／主和音によって完結する。モンテヴェルディをこの視点から再確認すれば、彼の革新は属七の和音の登場を従来のスティレ・アンティコあるいは「第一作法」の法則性から解き放ち、したがってその後に続く主音／主和音の終止感をより自由に設定できるようにしたことにある。この“より自由な終止感”が可能となったことにより、現在の音楽の形が現出したのであり、われわれが親しんでいる西洋音楽の姿とはこのように主音へと収斂しようとする強力な力あるいは流れが構造的に保証する、予定調和の世界なのだ。

　ここまで、「調」と「調性」に関して、用語を整理する形で精査してきた。著者個人としては「調」と言えば24の長・短調のことを、そして「調性」と言えば主音を中心とし、主音へと志向する音構造と大まかに捉えている。しかし上でも指摘した通り、両者はほぼ同じような意味で使用される用例もあるし、本書の目的は両者を絶対的に峻別しなければならないと主張することでもない。しかし両者に一応の目処を付けておくことは西洋音楽の理解に有益であると考えている。それは特に、「調」と「調性」に続く時代の音楽を考える際の土台・出発点になるからである。

ハイアーは上の［8］において、調性音楽の時代区分をおよそ1600年から1910年と画定していた。もちろんこれは便宜的な区分にすぎないが、ここから分かることは「調」あるいは「調性」は一枚岩の存在であり続けたわけではない、ということである。このことは西洋音楽史の基本的な記述においても、すでにロマン主義の時代から伝統的な調性からの部分的な逸脱あるいは離反が見られるようになる、と指摘されている通りである。それは例えば、シューベルト、ベルリオーズ、ショパンなどの楽曲に確認されるところであるが、その後の動向として、「調」あるいは「調性」にまつわる諸相を簡単に以下で踏まえておく。

（4）複調・多調／近代フランス和声／拡大された調性

　まず、「調」あるいは「調性」といった大枠には変化を及ぼさずに革新を図った手法として、「複調・多調」が挙げられる。従来楽曲というものは上記24の調から1つを選択することによって作曲がなされる。これも既述の通り、1つの楽曲内ではさまざまに転調が行われるが、同時的に使用される調は1つである。「複調・多調」は、そうした古典的な1つの調の使用とは対照的に同時に2つ以上の調を使用する手法のことを指す（2つであれば複調、それ以上であれば多調）。代表例としてはダリウス・ミヨー（Milhaud, Darius. 1892–1974）やストラヴィンスキー（Stravinsky, Igor. 1882–1971）の作品が挙げられる。

　そして以下は調性のあり方に変化を及ぼした手法だが、「近代フランス和声」や「拡大された調性」が指摘されるべきである。モンテヴェルディによって最終的な形が整えられ、ラモーによってその諸規則が記述された調性のあり方はその後、"古典的調性"として認知され基盤とされるようになった。しかしその"古典的調性"内部での作曲が長年行われ、飽和状態に達したと感じられた音楽家たちは、さらなる音楽の幅を求めて改革を行った。その帰結が「近代フランス和声」や「拡大された調性」と呼ばれるものだが、ここで重要なことはここで行われた改革は局所的なもの、部分的なものと捉えられることであ

る。つまり“大局的”には調性のあり方を留めながらも、“局所的”に従来の規則に則らない新奇性のある楽句を作ることで新たな響きを実現しようとしたわけである。

　こうした方向性の中、「近代フランス和声」はその従来の規則からの違反や逸脱の行為をまとめ上げて、さらなる法則性として取り込み、確立することに成功したと見ることができる。そうしてさらに広い調性世界を創出、定着させたがゆえに、このような名称で呼ばれるようになった。フォーレ（Fauré, Gabriel. 1845–1924）などがこの流派の代表的作曲家とされる。

　また「拡大された調性」の方は作曲家がおのおので そうした方向性を追求した楽曲を指して使われることが多い。特に非ヨーロッパ圏のフォークロア音楽を取り入れた作曲において従来の“古典的調性”の枠内では実現の難しい局面で「拡大された調性」が採用されることがあることも指摘される。具体的にはヒンデミット（Hindemith, Paul. 1895–1963）やストラヴィンスキー、バルトーク（Bartók, Béla. 1881–1945）やプロコフィエフ（Prokofiev, Sergei. 1891–1953）等である。

（5）無調／十二音技法／トータル・セリー

　以下では「調性」とは明らかに異なる音楽を追求した例を見ていく。無調から十二音技法、そしてトータル・セリーという流れである。

「無調」自体、語義の特定や定義が困難であるが、通常は英語のatonalの訳語とされることが多い。無調を“調性がない”ものとして捉えるのであれば、そのことを極めて早い段階で表明したのがリスト（Liszt, Franz. 1811–1886）の《調性のないバガテル Bagatelle ohne Tonart、Bagatelle sans tonalité》とされる。このピアノ曲の作曲は1885年になされたことになっており、当初はリストのピアノ曲の連作である《メフィスト・ワルツ》の一曲として構想されたらしい。しかしこの独・仏の両言語で付された題名の末尾のohne Tonartとsans tonalitéは英語ではwithout tonalityに相当し、はっきりと「調性」か

らの乖離が明記されている点が注目に値する。

《ワルツ》という題名の通り３拍子の軽快なリズムで進行するこの楽曲は、そもそも冒頭に調号が設定されない。そして一応は三和音や四和音を連ねることによって楽曲の構造が支えられていると見ることができても、しかしそれらの和音は従来の予備→解決や緊張→緩和の図式には当てはまらず、特に曲の終結部ではまず減三和音を、そしてその後減七の和音を連続させることによって、従来の「調性」音楽のように主音へと収斂することなく楽曲を終了させている。したがって「参照先となる主音」の存在を特定しえず、題名の「無調」の名にふさわしい楽曲になっていると言えるだろう（譜例㉕参照）。

譜例㉕　リスト《調性のないバガテル》の冒頭と末尾

調号がないのが無調の特徴であり、終結部は減三和音と減七の和音を多数連ね、協和和音に解決することなく曲を終わらせており、調性感を無効にする意図が見られる。

このリストの例は無調のものとして時代的に極めて早いものだが、その後の西洋音楽史において無調の一つの大きなメルクマールとされるのは1908年である。この年にリヒャルト・シュトラウス（Strauss, Richard. 1864-1949）はオペラ《エレクトラ》を、シェーンベルク（Schönberg, Arnold. 1874-1951）は《弦楽四重奏曲第2番》を完成させた。前者は復讐のオブセッションに取りつかれた主人公エレクトラの狂気を表現するために、いわゆる "エレクトラ和音" などの不協和和音を使用し、それらを従来の限定進行の処理に従わずに縦横無尽に進行させ、また複数の調を同時進行させることによって楽曲を展開させていく中で、その一部が無調に突入した、あるいは無調に極めて接近したと目される作品である。

　他方、後者の弦楽四重奏曲はシェーンベルク本人が自身の創作キャリアの大きな転換期となったと明言している曲であり、完全に無調へと進展したとは言えないが、しかし伝統的な調性的進行を超越しており、この進行こそがこの作品の理解しがたさの原因であると作曲家自身が指摘している点は興味深い。これらの両作品はジャンルも創作動機も異なる作品であるが、しかし「調」や「調性」に従来の仕方で依拠せず、その外部で楽曲制作が可能であることの萌芽が確認される例として特筆されるべき作品である。

　その後、この2人の作曲家が別々の方向を目指すことになったことも西洋音楽史では重要なエピソードとして語られるところである。すなわち、リヒャルト・シュトラウスは《エレクトラ》の後に古典回帰をして代表作《薔薇の騎士》を残し、シェーンベルクはさらに革新的な方向へ進むことになる。それが "十二音技法" として知られるものである。ごく簡単にこの十二音技法の要諦を確認しておこう（以下の記述は D. H. V. エス『西洋音楽史──音楽様式の遺産』310頁を参照し、譜例は独自に作成した）。

　１．まず第1段階は半音階の12の音を任意の順序に並べて "音列"（主題）を作ることである。これは譜例㉖の「基本形」（左上）に相当する。

　２．この音列の12の音は同等に扱われなければならない。つまり

調性の場合のように、各音は中心音、つまり主音と関係付けられるのではなく、それぞれの音の間で関係付けられる。それゆえ旋律と和声の両方に関して、トニックの持つ引力は排除される。

　３．協和音と不協和音に関する従来の原理は放棄される。そこで不協和音は解決や予備が不要となり、完全に解放される。

　４．統一は調関係、音階、和音進行といった従来の方法によって行われるのではなく、水平（旋律）と垂直（音列あるいは音列の一部が同時に響く）という２つの面に織り込まれている12音の構造セットあるいは音列によって行われる。

　５．ひとつの12音音列から48通りの形が作られる。つまり基本形、反行形（譜例左下。音の上行・下行を逆にする）、逆行形（譜例右上。音列の音を後ろから用いる）、逆行の反行形（譜例右下。逆行形の音列の音の上行・下行を逆にする）の４つの形態がある。

譜例㉖

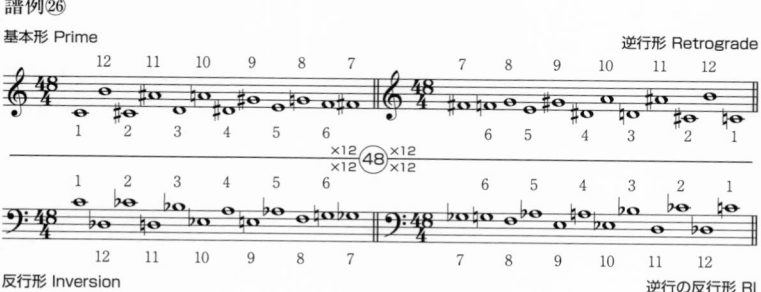

このように、オクターヴ内の12の音を従来の長・短音階とは違った仕方で配列し、それの基本形から逆行形、反行形、逆行の反行形を導出する。そしてこの４つのそれぞれから12の音列が作れるのは、例えば「基本形Prime」を例にとれば、ドから開始されている音列（第１音列）を「ド♯…」（第２）、「レ…」（第３）、「レ♯…」（第４）と開始音を半音ずつ上げていくと、「シ……」（第12）に到達し、その結果12の音列が得られることに由来する。これが他の３つにも適用さ

れ、計48の音列をまず作曲の土台とするのが十二音技法の基礎概念である。

　このように12の音から成る音列をもととするがゆえに、十二音技法は"音列主義の技法"と呼ばれることがある。またこのような12音による音列主義に基づく作曲というのはシェーンベルクの専売特許というわけではなく、ハウアー（Hauer, Josef Matthias. 1883–1959）らも同様のアイディアは表明していたとされる。

　このような音列主義による作曲は、和音を先に想定する楽曲づくりよりも、むしろ17世紀までの旋法を磁場とした対位法的パースペクティヴに近いという指摘もあるが、ともかくこうした技法による楽曲制作においては従来の西洋音楽が依拠していた協和・不協和の概念が機能しない。まさに"予備や解決といった法則性からの解放"である。

　また譜例㉖のように、これらの12の音はこの順番で使用されるべきであり、一度使った音はこの音列に従ってすべての音が使用された後でしか繰り返されてはならないという原則がある。したがって主音に始まり主音に終わるという流れを構造的にとらない作りになっており、「主音のもつ吸引力は排除される」。つまり「参照先となる主音」という存在そのものが無効化されている。

　こうした十二音技法の基本構想をさらに敷衍して徹底させたのがいわゆるトータル・セリー／総音列主義である。ごく簡単に捉えると、十二音技法においては「音の高さ／音高」を1から12の数字の列に従って配置したものを、「音の長さ／音価」や「音の強弱」「レガートやスタッカートなどのアタックの種類」などにもトータル／全般的に当てはめ、それらを12の音高と同様に厳格な規則に従って使用するのがトータル・セリーである（譜例㉗参照）。

　このように音高に関していえば両者は同じ構想に則っているので、調あるいは調性との関わりを考えるうえでわれわれは十二音技法に留まろう。われわれは調とは24の長・短調のフィールドを主に指し、また現代の調性とは属七の和音によって用意された、主音上の主和音の終止へと向かう予定調和の構造であることを確認した。十二音技法

譜例㉗　ブーレーズの2台のピアノのための《Structures I》の具体例（カッロッツォ／チマガッリ『西洋音楽の歴史』第3巻、p.437より）

はその構造とは完全に異なる。前述のように十二音技法に基づいた作曲においては原則として、一度使われた音は他の11のすべての音を聞かせた後でなければ再使用は認められない。この原則を徹底させると、その論理的帰結としては、音列内の12のすべての音が同じ数だけ楽曲中に現れることになる。

　こうした十二音技法の概念はまさしく調・調性と照らし合わせて考えると興味深い。つまりそれまでの伝統的な調性音楽においては、主音というものがそもそも設定され、楽曲のどの部分にいても主音の存在が想定され、そして基本的に主音に始まり主音に終わる確固とした形式（＝主音／主和音へと収斂しようとするカデンツ）を有するものであった。すると調性音楽の内部は、いわば主音こそが"主役"であり、導音は主音の登場を準備する、また属（七の）和音は主和音の登場を準備する、いわば"脇役"のような位置を与えられているというヒエラルキーの構造を呈していることになる(24)。

　このように見たとき、十二音技法の音楽は上述の伝統的西洋音楽とはまさに好対照である。1オクターヴ内の音は1から12の順番に並べられ、そこに序列はなく、使用頻度も基本的には同じことになる。つまりある音が他の音に対して優位を占めるという構造にそもそもならない。12のすべての音が対等の立場にあり、何らかの音が"主役""脇役"であるわけでは決してない。こうした音の組織化には当時の

世相（20世紀初頭の第一次世界大戦、共産主義の台頭など）が色濃く影響していたはずだというのは西洋音楽史で指摘されるのが常だが、ともかくシェーンベルク自身こうした十二音技法のあり方を「不協和音の解放」と呼んだのだったし、伝統的な協和・不協和の関係や導音⇒主音の方向性を無効にする意図があったことは確かなことと言える。

（6）「調性の崩壊」とは？

　ここまで19世紀末あたりからの新動向をフォローしてきた。そのそれぞれがさまざまな特徴と性質を有するものであるが、特に20世紀以降の音楽のあり方を示す表現として、「調性の崩壊」というフレーズがよく使われる。この表現もまた極めて便利で、印象に残るフレーズであるがために多用される。しかし、実際のところ「調性の崩壊」とは何を意味し、何を指すのだろうか？

　何かを「崩壊させた」というのであれば、その崩壊させたものに対して暴力などの力の行使がなされ、そのもの自体の存続が危うくなるまでになっていることが想定されよう。それでは無調や十二音技法は調性の構造に何らかの暴力を働いてその存立の危機に至らしめたというのは正しいか。確かに無調や十二音技法は、従来の調性音楽の論理から見た場合、不協和や非論理が広がる世界である（しかしこれもまた一つの見方にすぎないことは強調されなければならない）。特に無調や十二音技法の一部の楽曲がことさら大仰に注目され、あるいはセンセーショナルに扱われたためにその破壊力がすさまじく、その傍らで調性音楽が崩壊したように見えたという論述は可能ではあるだろうが、しかし後段で述べるような理由で、無調や十二音技法が調性を崩壊させたというのは実情に即していないと考える。

　まずなによりも、無調や十二音技法の作曲家たちの意図は調や調性の外に飛び出すことだったのであり、調や調性構造を破壊すること自体は彼らの目論見ではなかったはずである。従来の西洋音楽が24の調をフィールドとして数百年以上の長きにわたって壮大な音楽世界を作ってきたことは事実だとしても、音世界はそれら24の調の上でだ

け展開するものでは決してないはずだし、また逆に数百年も経過した時点でそうした音楽制作が飽和し、限界が感じられたとしても無理はなく、だからこそこの閉塞した音世界の外で音楽を作ってみようという方向性はある意味至極もっともなこととも捉えられる。

　換言すれば、この方向性の根底にあったのは、24の調の上で従来のカデンツの限定進行に従い、主音に始まり属七の和音を経由し、そして主音に収斂するという楽曲制作を継続するならば、先人たちの偉業が輝かしければ輝かしいほどに、彼らの二番煎じから脱することができない、という意識も生じると言えよう。調や調性に依拠しなくても音楽制作は実際に可能であり、だからこそ、音楽現象のための新しい場を求め旧世界から外部へと飛び出したのであって、調性体系を破壊することが目的ではない。この意味で筆者は「調性の放棄」というのは的確な表現だと考えているが、ともかく十二音技法は調や調性の外部に、従来のフィールドや法則性とは異なる、しかしそれとはまた別の一貫性を有したシステムを構築することが主眼だったわけであり、調や調性構造そのものに暴力を加えたわけではない。

　確かに19世紀末や20世紀初頭に「もう調性ではだめだ」といった意識はあったであろうし、ある意味で"古い"調や調性音楽に対抗心を燃やしてその有効性を疑問視したり、あるいは敵対心をあらわにした一部の作曲家たちの発言も確認される。しかし調や調性に対抗心や反骨心を抱くことと、調性を崩壊させることは同一ではない。もしも調や調性構造に暴力を働いてそのもともとの構造に変形をきたしたというのであれば、「拡大された調声」や「近代フランス和声」、そして無調やジャズ音楽の一部の動向の方がよほど調性構造の"破壊"に手を染めて創作活動に従事したはずである（ただし、それらは極めて知的な破壊と創造の行為だったと認められる）。

　そして「調性の破壊」という文脈でどうしても看過できない音楽家が一人いる。その名はもちろん、ワーグナーである。

（7）ワーグナーと調性の死

　西洋音楽史においてワーグナーの存在は極めて大きい。例えば、「《トリスタンとイゾルデ》ほど、あとに続く世代の作曲家に深い影響を与えた作品は、西洋音楽史上ほとんど無い」（グラウト／パリスカ：下巻121）と言われるように、あまりにも有名な「トリスタン和音」はその後の音楽の古典的調性からの離反であり、かつ新たな調性化への一歩であった。それまでの音楽にはなかった独自の和音を使用するというのはワーグナーに限った話ではないが、従来の和音観では捉えることのできないこの和音（実際ジャン＝ジャック・ナティエ『音楽記号学』ではこの和音の32通りの解釈が一覧にされている。pp.275-278）を耳にしても、今使用されているのが何調なのか、何の音を拠り所に今聞いているパッセージを捉えたらいいのか、そしてどの主音に向かおうとしているのかが判然とせず、聴く者を煙に巻く。ただしこの手法は、無調のように、調や調性といった概念が無効化されているわけではなく、あくまでも曖昧にされているのであり、調性感が希薄化されていると捉えられるべきである。どこかに向かおうとしているのだが、それがどこだか判然としない、といった雰囲気を作り出すことに成功しており、調や調性のあり方に大きな変更をきたした例として特筆される。

　そして先に見たハイアーの論文「調性tonality」もまた、ワーグナーこそが調性に引導を渡した張本人の一人という見立てを示している。ハイアーがここで注目するのが楽劇《パルジファル》（1882）の第2幕での主人公パルジファルの叫び、「アンフォルタス！　この傷が！　この傷が！」である。この場面に限らずワーグナーは半音階主義の技法を多用するのだが、この際に使用されているのが減七の和音という不協和和音である（次コラムを参照）。この和音は「トリスタン和音」とはまた違った仕方で調性感を曖昧にし、希薄にしている。減七の和音を多用する半音階主義というのは後期ロマン派に広く見られる現象であり、この使用自体にワーグナーの独自性があるわけではな

い。しかしワーグナーはこの減七の和音を、またこれに絡めて他の七の和音や九の和音等を多用することによって従来の調性の文脈から明らかに離反しようとしている。というのも、不協和は協和に解決され回収されることが調性の語法のスタンダードだったわけだが、この半音階主義においては不協和は別の不協和へも無理なく次々に移動できるため、不協和に不協和を連綿と続けて連結することで、解決を目指さずにそれら不協和の和音間を何度も何度も行ったり来たりしている感を聴衆に与える。また、たとえ一つの減七の和音が単独で使用された場合でも、その当該の減七の和音は複数の主和音に解決可能という構造的特徴を有する（次コラム参照）。したがって調性の最重要要素の一つである「参照先となる主音」を明確に想定することがそもそもできず、主音へ収斂する流れが感じられない。つまりＰ−ｉ−Ｐ原理の最後のＰに向かう動きや、カデンツ進行における主音に至る動きが無効化されており、前者で言えばｉの部分が、後者で言えば最後の主音に至るまでの前段の部分が、ただ延々と引き延ばされることが可能である。後にアドルノ（Adorno, Theodor Wiesengrund. 1903-1969）はこうした後期ロマン派の不協和の使用法は「否認と苦しみを表す」ものと述べたというが、このように調や調性の内部でさまざまな試みを重ね、その結果それらの従来の枠組みや構造が機能不全に陥るところまで行き着いた（これこそ破壊であり崩壊であるはずである）。この《パルジファル》の叫びに含まれる「この傷が！」の傷を、それまでの西洋音楽に対する致命傷と見なし、"調性の死の断末魔の叫び" と同一視する一つの見立てをハイアーは示しているわけである。

コラム 減七の和音について

　調性の構造や、その "終焉＝死" を考えるときに、減七の和音の存在を無視して語ることはできない。ただし減七の和音はその特性が非常に特殊で、和声学においても扱いの難易度が高い和音とされている。したがって十全な理解のためには専門の学習書が

必須だが、ここでは減七の和音のごく基本的な特性を理解することを目的として、その説明を試みる（ただし以下の説明は便宜的なものであって、オーソドックスな和声学の説明と一部異なるところもある）。

　今までわれわれは長三和音、短三和音、属七の和音等を見てきたが、それらの和音は長３度と短３度が異なる配置において組み合わされて構成されていた。減七の和音の特殊性は、その和音構成音の音程幅がすべて短３度から成る、という点にある。あるいは、短３度が２つ組み合わされると減三和音を構成するが、その減三和音の上あるいは下にもう一つ短３度を付加したものが減七の和音と説明されることもある。減三和音はピアノの鍵盤の白鍵上では「シ・レ・ファ」の箇所に生じるものであるから、ここを中心に減七の和音を捉えてみる。

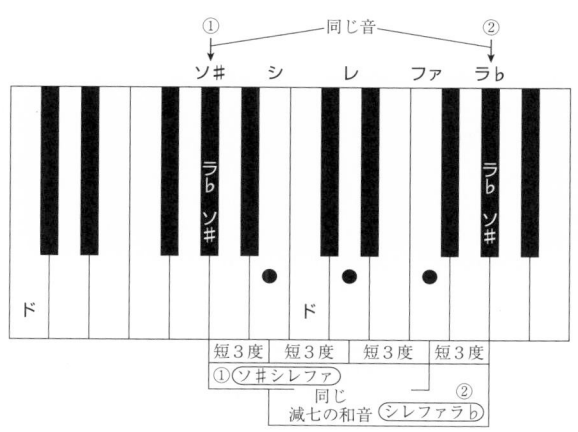

　上図のように、まず「シ・レ・ファ」の減三和音を捉え、その上下にさらに短３度を置いてみる。そうすると上部の矢印の①と②で記した黒鍵がその短３度に相当する。重要なのは、この①と②の音はオクターヴの音程幅にあり、西洋音楽においてはこのオ

クターヴの両端に位置する音は同じ音としてみなされる、ということである。そしてこの①と②の音は、同じ音でありながら、2つの名称で呼ぶことができる。この音をソの半音上と捉えれば「ソ♯」、ラの半音下と捉えれば「ラ♭」である。このように同じ音でも名称が異なる関係にあることを「異名同音／エンハルモニック」と呼ぶ。

　今は便宜的に①の音を「ソ♯」、②の音を「ラ♭」と呼んでおく。すると、①を和音構成音とすれば、「ソ♯・シ・レ・ファ」の減七の和音だが、②を和音構成音とすれば「シ・レ・ファ・ラ♭」の減七の和音ができあがる。ここで□で囲った音は同じ音なのだから、結局この①を含めた和音も、②を含めた和音も、同じ和音だということになる。これが減七の和音の特殊性である。

　以上の点を踏まえると、①の和音で考えれば、この和音は「ラ・ド（♯）・ミ」という協和音に無理なく解決される。他方②の和音で考えると、この和音は「ド・ミ（♭）・ソ」に無理なく解決される（ここでは解決和音である後者の協和和音が長三和音か短三和音かは不問とする）。

譜例㉘

同じ減七の和音

　上掲の譜例㉘に減七の和音の進行例を示しておいた。繰り返しになるが、先の鍵盤の図で確認したように、この①の和音と②の和音は、和音構成音の呼び名が一部異なっていたとしても、同じ和音である、ということが何よりも重要である。しかし、同じ和音であるにもかかわらず、①の進行に従えばこの減七の和音は

「ラを主音とする和音」に解決しているのだから、ここではラが「参照先となる主音」のはずである。しかし②の進行では、「参照先となる主音」はドになっている。従来の調性の枠内では、いかなるフレーズの中にあっても、「参照先となる主音」の存在が想定された作りになっており、そしてその「参照先となる主音」は１つであったはずである。しかし、この譜例から明らかな通り、減七の和音が鳴り響くと、想定すべき「参照先となる主音」はラなのか、ドなのか、分からなくなってしまうという事態が生じる。

　ここでは減七の和音の基本を押さえるためにこの和音の２つの姿だけを確認したが、この論理を推し進めていけば、「ソ♯・シ・レ・ファ」（①）の和音は「シ・レ・ファ・ラ♭」（②）の他に、「レ・ファ・ラ♭・ド♭」（③）とも、「ファ・ラ♭・ド♭・ミ♭♭」（④）とも読み替え可能であることが理解されるだろう。これは「エンハルモニックによる読み替え」と呼ばれ、この読み替えが可能なのも減七の和音がすべて短３度の積み重ねでできていることに起因する。このような読み替えが可能であるがゆえに、上の①②③④の和音はすべて同じ４つの音から成り立っているにもかかわらず、この和音が鳴り響くと、その鳴り響きは同一でありながら、どの主音を参照先として想定すべきかが判然としなくなってしまう。このような事態は、元来１つであった当てられるべき焦点が、複数あることになることから「複焦点の調性」と言われることもあり、またハーバードのノートン講座においてバーンスタインが「調性の曖昧化」と呼んだ、この状態が現出する原因の一端はこうした減七の和音の存在にある（DVD版ではDisc4の1：00頃）。

　減七の和音の存在自体は早くから確認されており、和声学の祖であるラモーの『和声論』でも扱われているし（ただし本書の上の説明とは必ずしも合致しない点もある）、ラモーは自身以前にも使用例があったことや、そして自作における減七の和音の使用（ラモーには《エンハルモニック》というクラヴサン曲まである）に関してもその後の自身の理論書で言及している。そうした理論書

の中でラモーはいわゆる遠隔調への転調や、斬新な効果に役立つことを指摘して減七の和音に注目する一方、しかし減七の和音の技法はいまだ新しいもので、これに慣れるためには訓練と忍耐力が必要とされるだろうと説いている。実際、ラモー自身の自作での減七の和音の使用はごく少数で、限定的なものである。

　その後、18世紀から19世紀へと時が流れていくにつれ、あまたの作曲家たちはラモーの言う"訓練と忍耐"を重ねたのであろう、減七の和音の使用例は格段に増大し、先に見たように後期ロマン派に至って一つの極となる。われわれは一つの便宜として減七の和音が協和和音に解決される進行を見たが、後期ロマン派の作曲家たちは減七の和音にさらに減七の和音や、あるいはほかの不協和和音を介在させるなどして、幾重にもこの不協和和音を連ねる方法を案出するに至った。先に見たリストの《調性のないバガテル》の譜例㉕の末尾でも確認できるし、またワーグナー等の他の作曲家たちはさらに精緻かつ複雑な形でこの不協和和音の連結を現実に敢行し、調性感（１つの「参照先となる主音」を想定すること）が機能しないところにまで行き着くことになった。こうしたいきさつが調性に死亡宣告を下すことにつながったのである。

　このように考えると、減七の和音とは西洋音楽の鬼子ともいえる存在である。つまりもともと"調性の内部に存在する和音"として重要な役割を果たしていたものが、時間の経過とともに経験が重ねられ多用される中で、調性体系そのものを脅かし、その存立を危うくする可能性を秘めた和音であったことが明らかになっていったからである。調性構造を無効にしようとする（異）分子はその外部にあったのではなく、もともとその内部に巣くっていたのである。

（８）調性と現代

　かくして調性には死亡宣告書が突き付けられることになった。しかし、ハイアーの論にはまだ続きがある。そして本書の筆者も深く同意

するのはまさに次の点である。

> われわれが依然としてベートーヴェンやコール・ポーター⁽²⁵⁾の音楽に耳を傾けているときに、調性は1910年頃に崩壊したと主張しても、ほとんど意味はない。(Hyer：746)

この一文にいたる前の部分でハイアーはこう促す。周囲をよく見てみるようにと。確かに西洋音楽史的に調性はおよそ1600年から1910年まで存続していたと記述してもそれは大方間違いではない。しかしいわゆるポップ・ミュージックや商業音楽、そして一部のジャズ音楽などで調性はいわば"保守的な語法"として生き続けているはずだ。今現在でももっとも人気がありもっとも耳にされている音楽は調性音楽に他ならない⁽²⁶⁾。ハイアーの先の引用の続きを読もう。

> 調性は依然として大いに歴史的現在の一部であり、このことは、電子メディアを通じた西洋音楽の広範な拡散と大衆文化のグローバリゼーションを考慮に入れるなら、かつて以前よりもさらにそう言えるであろう。(*ibid.*)

現代日本も間違いなくこの射程に入っていると考えられる。現実を改めて捉えてみて、自分が普段聞いている音楽のうちの、あるいは自分の携帯デバイス等に収録して耳にしている音楽のうちの、いったい何パーセントが非調性音楽だろうか。また例えば映画産業は無調以降の音楽や前衛音楽が比較的大きな成功を収めた分野と指摘されることは多いが、しかしその映画音楽においてもやはり調性音楽は相当の比率を占めているし、同じくテレビ・ラジオやゲーム音楽、あるいは街中で流れるBGMのどれほどが和声的調性以外の音楽だろうか？　もちろん個人差はあるだろうが、圧倒的な比率でわれわれが耳にしている音楽は調性音楽ではないか。むしろ、調性以外の音楽に進んで接するのはその道の玄人か専門家、あるいはよほどの愛好家ではないだろうか。

われわれを取り巻く状況をこのように見てみればこれは驚くべき事態である。誤解のないように一筆しておきたいのだが、本書の筆者は和声・調性音楽に興味をもって研究を続けているが、しかしそれだけが音楽だとは決して考えていないし、和声・調性に基づかない音楽制作が、たとえ大衆の大きな支持を得られなくても、脈々と続けられてきたし現在も続けられていることを知識として有してもいる。そしてそうした音楽を極めて貴重な営みだと考えているし、また世界中には私が知ることもできない音楽も多数存在しているだろう。また現代人の圧倒的大多数が依然としてもっぱら調性音楽を聴いていることは現実として踏まえるべきとしても、そのことを安易に善悪の判断で語るつもりもないし、この文章も読者に何らかの価値観をいたずらに押し付けたり、迫るものでも決してない。

　しかしやはり現代のわれわれが依然として西洋起源の和声的調性音楽を耳にし続けていることは目の前の現実として動かしがたい事実である。そしてこの西洋音楽一辺倒の聴取のあり方が現代のわれわれの無意識の選択の結果によるものであるのなら、あるいはもっと言ってしまえば、選択の問題でさえないのだとしたら、この事態こそ一度真正面から見据えられるべきなのではないか。ハイアーの「保守的語法」という表現に基づけば、西洋音楽という保守の牙城は、その正体や経緯がよく把握されないまま、われわれの目の前で依然として圧倒的存在感を放ちながらそびえたっているのである。

第6章　和声の成立

（1）和声とは何か

　ここまでモンテヴェルディの《つれないアマリッリ》を出発点として、われわれが現在慣れ親しんでいるところの西洋音楽の姿を捉える試みをしてきた。特に前章では「調と調性」という面に焦点を当て、「調」という言葉で主に想定されるのは、現在われわれが慣れ親しんでいる西洋音楽が24の長・短調をフィールドとしていることに基づいていることを見た。また「調性」に関しては「参照先となる主音 referential tonic」というキーワードに着目し、ザルリーノやパレストリーナ様式において表象されているスティレ・アンティコ／第一作法よりもさらに柔軟な仕方で登場することが可能になった「属七の和音」によって準備される「主音／主和音」へと収斂する構造を有しているのが"現代の調性"であることを確認してきた。

　さて、現在の西洋音楽の構造を考えるときに「調と調性」と同時に不可欠の要素となっているのが"和声"である。すでに本書においても筆者は"和声"や"和声的調性"といった言葉を特に定義や説明を施すことなく使用してきた。特に西洋音楽研究において後者の用語は非常に便利なもので、極めて頻繁に目にする。これは英語のharmonic tonalityの訳語であり、実際のところ現在の音楽の姿をよく捉えた用語と言えるだろう。この用語はharmonyとtonalityが西洋音楽における2大要素であることをよく示しているからである。tonalityについてはすでに見たところなので、本書の締めくくりとしてharmonyに着目しよう。

　このharmonyの語は、西洋音楽において最重要タームでありながら、極めて悩ましい用語である。日本語ではこの語に「調和」と「和

声」といった訳語が充てられてきた経緯があり、さらに事情が複雑である。まず本書でも確認してきたことを今一度振り返れば、古代ギリシャから諸音の配列に関して考察が重ねられる中で音階が設定され、それらの音階の中の諸音や、それらの音に四分音や半音等の変位を加えたものが楽曲の要素として使用されてきた。ここで重要なのは、そうした古代の音楽は一つのメロディー・ラインから成る単旋律の音楽だったのであり、ここにおいてharmonyに相当するハルモニアの語が使用されていたのは、その旋律線における継時的に連ねられる前後の諸音の関係性を指すためのものだった、ということである。つまり例えばある音と次の音の関係を協和・不協和で捉えるということであり、その関係性の総体がharmony／ハルモニアと呼ばれたものなので、日本語では「調和」の訳語が充てられてきた。

　その後、例えば6世紀頃から制作が始まり、7〜8世紀頃にレパートリーとして定着したとされるいわゆるグレゴリオ聖歌も単旋律であり、これは聖書と同程度に神聖視され後世に伝えられることになった。この、いわば聖なる絶対不可侵の単旋律聖歌を、そのメロディー・ラインを変質させることなく豊かにするために、さらにまた別の旋律を重ね合わせることが考案され実行されるようになった。そのことが確認されるのが9世紀の『ムジカ・エンキリアディス』などの理論書なわけだが、これはグレゴリオ聖歌の多声化が9世紀になって発案されたということではなく、むしろその多声化の実践はそれ以前の長い期間行われていたわけであり、『ムジカ・エンキリアディス』などはその方法論を文字等によって書き記し、後代に伝えたという意味で重要だったと解されるべきである。

　このように一つの旋律に別の旋律を組み合わせて同時に唱和する／奏するというアイディアが実践されるようになると、本来旋律線というのは時間に沿って次々に並べられていくものであったのが、複数の旋律が生み出す同時的諸音の響きというものがある意味当然の帰結として意識に上ってくることになる。つまり、それまではある音と次の音との横の関係性だけに向けられていた意識が縦に並ぶ諸音の関係をも考察の対象として捉えることになった。すでに『ムジカ・エンキリ

アディス』にもそうした "あるべき縦の音程" に関する記載は確認されるし、本書でも "怠惰な手のペトルス" がその縦の音程の完全性・不完全性について詳述していたことを見た（本書第2章）。このように、楽曲における縦の音程幅についての意識の発生というのは西洋音楽史において極めて重要な点だが、しかしここでいう "縦の音程幅" というのはあくまでもまず横のラインである旋律線を複数設定して、その結果生じる縦の音程幅であるということが是非とも理解されるべきである。

　後に見るように、現在の西洋音楽のパースペクティヴというのは、まず縦のラインである和音を想定して、そこから旋律線を導き出す、という思考を有する。しかしこうした思考が確実に定着し、方法論として確立するのは後の時代のことであり、例えば本書で見た中では16世紀のザルリーノには "縦のラインを先に設定する" という思考は確認されない。このように、あくまでも旋律線に別の旋律線を重ね合わせるという思考形態の中で長らく楽曲制作はなされ、そのような重ね合わせの作曲法の一つとして知られているのが「対位法」であって、現在に至るまで学習されている。「対位法」は14世紀のラテン語 "Punctus contra punctum" がもとになっているとされ、元来は "一音符対一音符" を意味していた。ここから分かる通り対位法の規則は当初は縦の諸音の1音と別の1音との関係を扱っていたものであるが、時代とともにその規則は複雑化し、同時進行する複数の旋律線をある規則に従って組み合わせる技法のこととして認知されていった。

　さてその後、特に17世紀において楽曲制作や演奏実践が豊富に行われる中で、上述のようにもっぱら横の旋律線のあり方に着目し、その結果としての縦の響きを見るのではなく、実は縦の諸音のラインに注目することが作曲に有効であるという見方が生まれ、確立していくことになる。こうした見方の帰結がラモーの『和声論』であるとされる。この意味で『和声論』冒頭の次の箇所は極めて重要である。

　　音楽は概して和声(アルモニ)と旋律(メロディ)に分けられる。しかしわれわれは旋律が和声の一部にすぎず、音楽のあらゆる特性の完全な理解のため

には和声の知識で十分であることを以下で示そう。（ラモー：26）

　ここで西洋音楽における一大転換が成し遂げられた。上で概観したように、西洋音楽の生成と発展において、まず音楽の素地となりフィールドとなったのは音階であり、その音階内の諸音をもとにした旋律であった。しかもその旋律は元来1本のメロディー・ラインであり、それらの旋律が複数組み合わせられることによって初めて縦のラインの諸音、すなわち和音が生じ、認知された。しかしラモーに至って音楽のプライオリティーは横の旋律ではなく、縦の和音だと明言されるに至った。したがってここでのフランス語のharmonie／アルモニには「和声」の訳語が充てられることになっている。ラモーによって「和声学」の礎が築かれたと言われるのはここに由来する。

　ただしこのような "旋律ではなく和声が音楽のもとである" という音楽観自体がラモー個人の創見というわけではなく、"和声" は先述のように16世紀から17世紀の西洋音楽の活動の中で次第に形を成し、定着していったパースペクティヴと捉えられるべきである。ラモーの業績はそれを理論書において統一した視点から書き切ることができたという点に求められるべきであり、これは現代のポップスやロック、ジャズなどのジャンルにも基本的に通用する、ラモーの西洋音楽理論史における比類ない業績である。

　それではこのように旋律から和声へと音楽観の重点が移ったことを具体的な事例を通して確認してみよう。そのためには以下の点がまず是非とも踏まえられなければならない。

（2）和声、和音、和音の転回

　さて上で見たように、ラモーは "音楽を作るのは和声である" と言ったわけだが、この発言はある意味ラモーの "強弁" であって、従来から根強い旋律主体あるいは旋律重視の音楽観に反駁するべく故意に強いメッセージを送るために考案されたものと捉えられるべきである。というのもラモー自身が音楽家であることからして当然である

が、音楽の横のラインである旋律を重要視しないわけはないし、そのことは自身の理論書等でも何度も繰り返し述べている。つまり、まずラモーの言う和声的音楽とは横のラインと縦のラインが組み合わされた構造をしていると考えられるのがよい。この点、よりバランスの取れた音楽の定義をフェティスが下しているので参照しておこう。

> 音楽とは諸音の継時的、同時的組み合わせの所産である。
> （Fetis：1）

これは、短いながらも、現代の西洋音楽の特徴を的確に捉えた定義であると言えよう。音楽は諸音を継時的に連ねてメロディーを作り出すことができるが、しかしその横のラインだけでなく、縦の同時的な響きも意識的に組み合わせた結果が西洋音楽の構造であるということである。この点を踏まえたうえで、ラモーの真意をかみ砕いていえば次のようになる。筆者は『和声論』の拙訳冒頭の「訳者による導入」に次のように書いた。

> すなわちラモーの主張の核心を多少言葉を付け足して説明すれば、音楽の構造というのはもっぱら水平面（旋律）のみを考えればいいというものではなく、垂直面（和音）をも加えた、いわば縦のラインと横のラインの格子状としてそもそも想定されるべきであり、その上で最重要因子として見なされるべきは実は和音の方である、という点にこそあると言えよう。（ラモー：xiv）

これが『和声論』をはじめとするラモーの理論書の主旨であり、こうして従来の旋律主体の音楽制作に対して、和音こそが作曲するうえでまず第一に求められる必須の構成要素であると断言したことがラモー理論の最大の意義の一つである。ここで和音の存在に必然的に光が当たり、その重要性を認識せざるをえなくなってくる。

現在のわれわれの音楽観において和音はむしろその存在を疑問視されることがないほどに当然のものとなっているが、しかしその「和

音」がいつ認識されるようになったかを確定的に言うことは難しい。われわれは“怠惰な手のペトルス”のテクストを見て、そこで上下2音の音程幅が大々的に扱われているのを確認した。1音ではなく、同時に響く2音が問題にされているのだから、これは「和音」という見方に近い、あるいは同じと言えそうにも見える。確かにペトルス自身が、その音程幅が協和concordantiaかどうかという問題を扱っていたのだからなおさらである。しかし同時に鳴り響く諸音が協和か不協和か、という認識と、それら同時に鳴り響く諸音が一つの不可分のセットを成している、という認識の間には、やはり相当の差異が確認される。「和音」とは、後者のように、同時に鳴り響く2音以上が形成する一つのかたまり／ユニットと捉えられるものだからである。

　したがって“同時に鳴り響く諸音のユニット”という認識の発生の起源をたどるとしても、明確な時期確定にこだわるよりも、この認識も、「調」と同じように、時の流れの中でいつしか形成されてきたものと捉えるのがよいだろう。

　この点を考えるのに念頭に置いておくと理解の助けとなる、一つの興味深い契機となるのが「和音の転回」である。というのも実際のところ、「和声が音楽を作る」と言ってもその意味は曖昧である。素朴に考えても、「ド・ミ・ソ」の協和和音や、「ソ・シ・レ・ファ」の属七の不協和和音をただそのまま次々に並べても、できあがるのは単純な和音の連なりだけで、それで変化に富む内容豊かな音楽ができあがるわけでないことはすぐに察しがつく。したがって単に和音がそのまま並べられるのではなく、「和音の転回」が音楽に多様性をもたらし、複雑に変化する楽曲作りを可能にしている一つの重要な要素であり、考え方であることがまず把握されると、理解が深まるはずである。「和音の転回」とは一例を挙げれば次のようなものである（譜例㉙参照）。

　ここでは「ド・ミ・ソ」の和音を例としたが、このようにドの音を最低部に使用した場合の和音を「基本形」といい、ドの音をオクターヴ以上に上げてミを最低音とした場合を「第一転回形」、さらにそのミの音もオクターヴ以上に上げてソの音を最低音とした場合を「第二

譜例㉙

　　　　　　一つの　　　基本形　　第一転回形　第二転回形
　　　　　まとまり

⊗はそれぞれの和音の最低音を示す。ここで、
この基本形、第一、第二転回形という認識は、縦
の「ド・ミ・ソ」の音群がワンセットを成してい
るという認識がなければ不可能であることに注意。

転回形」と呼ぶ。和声学ではこのように、最低部を占める音が重要視
され、そのうえでの諸音の配置は、細かい禁則はあるものの、基本的
には自由に配置することが可能である。

　ここで重要なのは、このようにド・ミ・ソの音をさまざまに配置し
たとしても、これらは同じ「ド・ミ・ソの和音」として認知されてい
るということである。つまりこれは、裏を返せば、「ド・ミ・ソ」と
いう諸音が単に上下の位置に収まっているだけでなく、一つのユニッ
トを成しているという認識が「ミ・ソ・ド」や「ソ・ド・ミ」のまと
まりも同じユニットの変形であると主張できる素地となっている。

　そしてこのような認識が可能になり、和音の存在をシステマティッ
クに簡素化できたことが、後の和声学の発展を可能にした大きな要因
の一つだとされている。なぜなら、上記のように「ド・ミ・ソ」
「ミ・ソ・ド」「ソ・ド・ミ」をそれぞれ別個の存在と見なし、また同
じような他の音群も同様にすべて別個の存在と見なすなら、楽曲の中
にはあまりにも多種多様な音群があることになり収拾をつけるのが難
しい。しかし上記３つの音群は「ド」の音を土台とする同じ和音（こ
れをハ長調で見ればドは第１音を占めるので「Ⅰの和音」と言われる）
として分類でき、同種の分類を楽曲全体に敷衍できるようになると、そ
こにははるかに整然とした音世界が広がっていることになり、和声学

第６章　和声の成立　173

に楽曲を見渡す見通しの明瞭さと体系的統一性を与えることが可能となった。

　ラモーはこうした体系化を自らの理論書内で敢行し成功させた理論家であり、そのことの後世への影響には文字通り計り知れないものがあった。したがって「和音の転回」はラモー理論の中でも最重要論点の一つである。ラモー自身が『和声論』の中で「転回は、和声が関与しうる多様性全体の核心である」（ラモー：19）と述べているが、転回にここまでの重要性を付与しているのもある意味当然である。そして、ここからがまた興味深い論点だが、この「和音の転回」は実はザルリーノにさかのぼることができるとラモーは主張している。結論を先に明示すれば、このラモーの主張は極めて微妙で、そのまま額面通り受け取ることはできない。しかし西洋音楽理論史の中でも一つの興味深い局面でもあるので、以下でザルリーノとラモーの興味深い対照を行いながら、「和音」について考察してみたい。

　ラモーの『和声論』においてザルリーノは群を抜いてもっとも頻繁に言及・引用される先人理論家であるが、この「和音の転回」という論点においてもラモーは西洋音楽理論史上の重要著作であるザルリーノの『調和概論』の中の主張を引き合いに出し、その権威を利用することで自説に有利に働かせようとしている。ラモーが着目するのは『調和概論』第３部第60章の中で使用されている次の３つの譜例である（英訳書から譜例㉚として転載する）。

　これらの譜例はザルリーノが“いかなる諸音の縦の配置が望ましい・望ましくないのか”を例証するために用いているものである（そのことは五線譜下のコメント〔“Good”など〕からも窺われる）。

　さて和声学に接した人であれば、これらの諸音の配置に目新しいことはないであろう。譜例下部にそれぞれの和音の基本形と目される諸音の配置を付記しておいた（ただしこれは後述するように便宜上であって、ザルリーノにはこれらが“和音である”という認識はない）が、そこから判断すれば上記譜例には基本形はなく、第一転回形と第二転回形が記されていることになる。これらの転回形の用法に具体的に言及し

譜例㉚ 「４度の使用法」（ザルリーノ『調和概論』より）

Good	Less good		Good	Not good		Good	Better
（ファ・ラ・ド）	（ラ・ド・ミ）		（ファ・ラ・ド）	（レ・ファ・ラ）		（ファ・ラ・ド）	（ファ・ラ・ド）

ているのだから、確かにザルリーノは和音の転回のあり方を認識して
いると見えなくないし、16世紀中葉にすでにこうした和音の転回の
使用が認められたと受け止めることも一見して可能と言えそうであ
る。まさにそう主張したのがラモーであり、『和声論』第２巻第11章
でラモーはこの『調和概論』の該当する具体的な頁数も示しながら、
「転回に関する文言をザルリーノは付け加えていないが、しかし自ら
の譜例においてこの点をそうとは気づかぬうちに証明しているので
ある」（ラモー：88）と断じる。

「そうとは気づかぬうちにsans y songer」証明している、とは狡猾な
表現で、ザルリーノが無意識のうちにそう考えていたか否かは後代の
人間には知る由もない。しかし意識的なレベルにおいてはザルリーノ
には和音の転回という認識はまったくなかったことは確実である。そ
れはこれらの譜例に付された『調和概論』の中のザルリーノのテクス
トから明らかである。

　　それ（４度：引用者注）は次の２つの方法のうちの一つによっ
　て、３度と共に使われうる。つまり３度はその（４度の：引用者
　注）上方にも下方にも存在しうる。下方にある３度は長でも短で
　もよく、ただし短３度の方が長３度よりもより良い効果を与え
　る。（Zarlino 1558：245）

３度が４度の上方にある場合、その３度は長でも短でもありうる。長３度が良い効果を与える一方、短３度はほとんど不協和である。（*ibid.*）

　上掲の譜例㉚とこの引用を踏まえて以下の２点を確認したい。まず１点目は、この上記引用の文章の主旨を的確に捉えるならば、ザルリーノの真意は（譜例上部に「４度の使い方」とあることからも分かる通り）、４度の配置の問題を論ずることであり、さらに分かりやすく言えば、４度と３度をどのように重ねるのがいいのか、を具体的に例示することにあったわけである。したがって、確かにラモーの言うように上記譜例に“転回の論理”を当てはめて解釈することは可能ではあるが、しかしザルリーノの真意は、複数の旋律を組み合わせる中で要所要所において諸音程をいかに重ね合わせるのかという“堆積の論理”にあると理解すべきである。
　また２点目として今一度上記譜例に注意深く注目しよう。現代の和声学の見地からは確かにこれらのすべての和音は第一・第二転回形として認識されうる。そして和声学においては基本形と同じく転回形の和音も楽曲において使用可能であるという点が要であるはずで、基本形と第一転回形は問題ないが、その第二転回形は使ってはならない、といったことには基本的にはならない（そうなってしまうと和声学の根幹が揺らいでしまう）。しかし『調和概論』の上記譜例㉚の第二転回形に相当するものには「Not good（原文ではNon buona）」と明記されている。もしもザルリーノにラモーと同じ“和音の転回”の意識があったのであれば、この第二転回形に相当する諸音の並びをよしとしていないのは論理的に不整合である。
　実際この事例は西洋音楽理論史において極めて興味深い事例である[(27)]。筆者がこの事例に接してすぐに想起したのは科学思想史における“共約不可能性”である。この言葉は現在ではさまざまな分野で活用されているが、「時間的に相隣り合う２つの理論系どうしの間に「包括性」を認めず、両者の間の通底性を否定して、不連続面を強調すること」（村上：199）という村上陽一郎による基本的定義を踏まえ

るならば、この「不連続面」という表現はザルリーノとラモーの関係性を捉えるのにも適切かつ有効であろう。つまりザルリーノとラモーの両者は同一の譜例を見ているとしても、両者の認識には不連続面が確認されるからである。もしも両者に同じ認識しかなかったのであれば（つまりラモーがザルリーノの認識を超えるパースペクティヴを有することがなかったのなら）、音楽理論史のその後の発展は決してありえず、和声学も存在しなかったかもしれない。この点の有名な例はティコ・ブラーエとケプラーの関係であろう。両者は「明けゆく東の空に同じものを見ているか」（ハンソン：14–15）という問いを立ててみれば、同じ太陽の運行を目にしていながらも、ティコは天動説、ケプラーは地動説の思考形態を有していた。同一対象を目にしていても2人の認識や考えは合致するとは限らず、むしろこうした齟齬がありそれを乗り越えようとする力が歴史を駆動させてきたはずである。

　翻ってザルリーノとラモーの例をもう一度よく考えてみよう。確かにザルリーノには"和音の転回"の認識はない。ではザルリーノに"和音の転回"の先駆がまったくないかと言えばそうとも言い切れない。なぜなら先の譜例は確かに『調和概論』に存在したからである。したがって、原著の作者（ザルリーノ）の真意を離れた内容の一部の継承性と、ラモーによる牽強付会ともいうべき論理の飛躍の両方があったからこそ、後の音楽理論史の発展や和声学の成立が可能だったわけである。

"ブレイク・スルー"という言葉は歴史の流れの中でのこうした局面を指すのにしばしば用いられるが、また『方法への挑戦——科学的創造と知のアナーキズム』などで有名な科学思想史家・ファイヤアーベント（Feyerabeud, Paul Karl. 1924–1994）は、ある理論（家）から別の理論（家）への移行の際にはたらく原理というものは「anything goes（何でもかまわない）」（ファイヤアーベント：11）であり、この原理こそが理論の歩みを促進させるものだと説いた。同じように、ザルリーノからラモーへの音楽理論の推移にもまた「anything goes（何でもあり）」の原理が看取されるのである。西洋音楽や理論史の歩みも一筋縄ではいかず、すべてを直線的継承性で捉える危険性を痛感させられ

る事例である。

　ここまで、ザルリーノとラモーを対照することによって、「和音の転回」という論点を見た。この点には注意が必要とされるところであるが、ザルリーノには「和音の転回」の先駆と見なせなくはない譜例がある一方で、しかしザルリーノの文字テクストは「和音の転回」という認識を示しておらず、３度や４度の音程をいかに積み重ねるべきかという「音程の堆積」が眼目だったことを確認した。したがってザルリーノの認識というレベルでは彼に「和音」や「転回」という考え方があったということはできない。

　また『調和概論』の初版（1558年）から約半世紀後にアルトゥージ vs. モンテヴェルディ論争が戦わされていたのをわれわれは見たが、両者のテクストを確認しても、彼らが問題にしていたのはやはり上下に配された諸音の音程幅が協和か不協和かという問題であり、そこに「和音」に相当する言葉遣いは確認されない。するとその後、理論家ラモーが登場するまでの約120年ほどの間に、同時的諸音の響きを「和音」という一つのユニットとして捉える見方や、その「転回」といった概念が次第に芽生え、定着したものと考えられる。この間の事情に関しては実践と理論のそれぞれで注目に値する点がある。

（３）記譜・演奏実践と和音の存在

　まず実践の領域においては２つの点、つまり記譜と楽器演奏の実践が指摘される。実際の譜例をもとに確認していこう。

　この譜例㉛自体は1716年に発表されたカンピヨンの『オクターヴの規則』からのものだが、まず1600年前後に話を戻そう。この譜例ではバスラインに数字が付されることによっていかなる諸音が同時に奏されるべきかが指示されている。こうしたバスは「数字付き低音 figured bass」と呼ばれ、バロック期あたりから頻繁に使用されるようになった[28]。当初は「６」や「７」といった数字を必要な箇所に振るものであったが、こうした手法を使い始めた音楽家としてはペーリ（Peri, Jacopo. 1561–1633）やカリッシミ（Carissimi, Giacomo. 1605–

譜例㉛

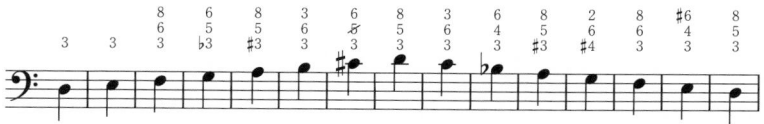

ここでカンピヨンが短調の第一のモデルとしているのはレを主音とする音階であることは注目に値する。すでに指摘した通り、もしも短調のモデルがエオリアしかなかったのであれば短調の第一のモデルはラを主音とする音階であるはずだが、しかしカンピヨンは明らかにドリア旋法（レから始まる旋法）から短調／短音階を導き出している。

1674)、カヴァリエリ（Cavalieri, Emilio de'. c.1550–1602）やヴィアダーナ（Viadana, Lodovico (Grossi da). 1564–1627）らの名前が挙げられる。特にヴィアダーナの《100曲の教会コンチェルト集 Cento Concerti Ecclesiastici》（1602）は数字付き低音の実践例として名高い[(29)]。

　数字付き低音というのは実際、そこに表記されているバス音と、その上で奏されるべき音との音程を明示するものであるから、そこで働いているのはむしろザルリーノに見られた「堆積の論理」である。しかしこのように数字が振られることによって、縦のラインに配された諸音がひとまとまりのものとして認識される契機となっていく。

　次に指摘されるのは楽器の演奏実践における点であるが、これは17世紀から18世紀にかけてギター系の楽器演奏が興隆を見せ、その経験と考察が深まったことが「和音」や「和音の転回」の概念につながっていったという局面が挙げられる。ギター演奏の経験がある読者であればすぐに想定されるであろうが、ギターという楽器の特性であるフレットの部分を考えてみると、そこに張られる諸弦の調律の仕方によって違いが出るものの、そのフレットを指で押さえていっぺんに弦を弾いて音を出そうとすると、そのフレットを押さえる手の位置や指の配置によって出せる音の音群はいくつかに決まってくる。逆に言えばそうしたフレット・タイプの楽器では任意の音を何でも一度に発するわけにはいかない面もあり、その出せる可能性の限られた音群が一種の定型と認識され、それがまとまったユニットである「和音」と

「和音の転回」という認識とつながっていったとされる。

　ここで注目に値するのが18世紀フランスの王立音楽アカデミーの監督としても活躍したギター／テオルボ奏者であったカンピヨンの『オクターヴの規則』である。この論考は「18世紀の音楽家たちの教育と実践において驚くべき重要な役割を果たした」（Christensen：92）ものであり、カンピヨンはこの『オクターヴの規則』の中で述べた自説に関してラモーと公開論争をしたと見なされており、理論家としても活躍した。

　さて、しばらくこの『オクターヴの規則』の論旨を追ってみよう。カンピヨンもラモーと同じく音楽のフィールドとしての旋法を完全に否定し、長調／長音階と短調／短音階の二元性のみを認める立場だが、この『オクターヴの規則』の主眼はそのそれぞれの音階のオクターヴ内を上行・下行する際に、そのオクターヴからオクターヴへの実践をいかにして行えばいいのかを具体的に例示することにある。その実情の全体像は拙訳（［カンピヨン］）を参照されたいが、ここでは先のバスラインの数字付き低音の譜例の実践例を一つ挙げよう（譜例㉜）。

譜例㉜

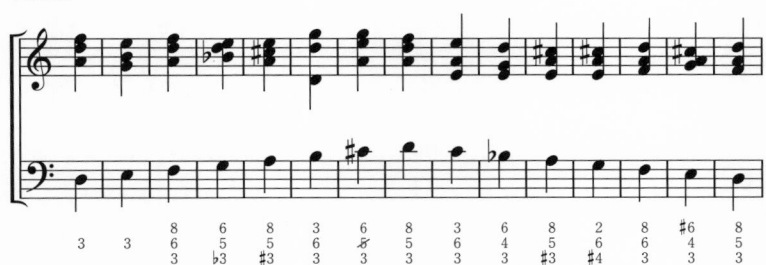

　このように、通奏低音というバスラインに数字付けを行うことによって奏されるべき諸音を示すという方法が、数字付き低音の要諦である。これらの数字は、ここで明示されているバス音の上に、それらの数字が示す音程の幅で音を設定すべきことを示す。それらの上声部を

占める諸音は、さらに1オクターヴあるいは数オクターヴ高められることも可能である。

　これは実施例の一つにすぎず、現実の演奏ではまださらに実施の可能性があることがこの数字付き低音の特徴でもあり、また利点でもある。いずれにせよ、このカンピヨンの譜例にまで至ると、ここに看取されるのは音楽の縦のラインの強調であり、これは小節ごとの複数の音が一つのまとまりを成しているという認識である。実際カンピヨンは「和音 accord」という言葉を使用しているし、このように小節ごとに和音を設定することがそのまま音楽制作や伴奏になると、上掲の譜例㉜は示しているわけである。

　興味深いのはカンピヨン自身がこの譜例はギターやテオルボの実践にはまったくそぐわないと明記している点である。しかしまずカンピヨンはこうしたオクターヴ内の具体的な実施の仕方を、王立音楽アカデミーにおける彼の前任者である「ド・マルト氏」から教授され、オクターヴの規則の原理をたちまちに理解したという。そしてその原理をクラヴサンという楽器に合うように適用したのが譜例㉜に代表される数字付き低音である。したがってカンピヨンの言うところに従えば、17世紀においてテオルボやギターといった楽器の実践の経験が蓄積されるうちに「和音」という存在が認知されるようになり、そして和音を継時的に並べていくことで音楽を作る（伴奏をする）という見方が生まれ、それが他の楽器へと波及しさらに広く実践されることで、和音こそが音楽の構成要素だという認識が広がっていった、ということになる。カンピヨンの『オクターヴの規則』はそうした17世紀から18世紀初頭までの実践や経験、パースペクティヴの一つの到達点ということができるだろう。

　このようにして演奏実践を通じて和音の存在が前景化してきた様子がこの『オクターヴの規則』に看取される。そして譜例㉜においては、上述の通り、諸音の縦の同時的響きを「和音」というユニットとして見る見方はすでに確固としたものになったと言える。そして現代の和声学に触れた者であれば、ここで明示されているのは和音の基本形だけでなく、転回形も使用されていることが把握され、このように

転回形も使用可能であることがこのバスラインの全音と半音を通じた滑らかな進行を可能にしているわけである（基本形だけでこの実施を行わなければならないとすれば、バスラインも相当に激しい上下動をしなければならなくなる）。

　さてそれでは『オクターヴの規則』に和音の転回という認識があったかどうかというのは、かなり微妙な問題で断定が難しい。というのも、数字付き低音の実施ではあくまでもこれらの数字はバスラインの上に置かれるべき諸音の音程幅を明記しているわけであり、もともと下にあった諸音がオクターヴ幅で上に上げられたという認識を示すものではない。しかしカンピヨンはこの『オクターヴの規則』の末尾で、ギターという楽器がある種の和音の演奏や伴奏には不向きだと捉えられていることに触れ、以下のように述べている。

　　　和音に関することとしては、私はギターがこの点で不可能なものだとは経験からして認めない。ギターはそれら他の楽器より持ち運びと演奏が容易であり、そしてテオルボよりも伴奏の諸声部が転回されておらず、したがって歌唱力をより多く有している。
（カンピヨン：387）

　問題となるのは下線部で、カンピヨンは明確に「声部が転回され」ることに言及している。ここで「和音」ではなく、「声部が転回」されているという意味は、一つの和音が単独で転回されているのでなく、継時的に連続している複数の和音が転回形で用いられていることにあるだろう。しかもここで受け身で使われている「転回されて」いるというカンピヨンの表現は、ラモーが『和声論』以降で使用する「転回 renversment」と言葉遣いまで一致している。したがって事態はいささか微妙であるが、確かに先の譜例㉜にもう一度戻ると現代の和声学に触れた者にはここで示される和音は基本和音と転回和音と映る。しかしもしカンピヨンにとって「転回」が自身の『オクターヴの規則』にとって枢要な概念だというのであればこの論考冒頭から、またこうした譜例を掲載するに際してその旨を述べていたはずである

が、カンピヨンのテクストでは「転回」に関する言及はこの末尾の一回だけに留まる。

　したがって、カンピヨンにおいてはもちろん縦の同時的響きである「和音」の存在は明らかに確認される一方で、「転回」あるいは「転回」に類する認識の萌芽は確認されるものの、「転回」を方法論として音楽論に取り込むという見立てまでは示していない。そうした見立てはおそらく17世紀後半から18世紀初頭の音楽家たちにある程度共有されていたものであり、理論書の形でこの見立てを明確にしたのがラモーであったと言えようが、ここではまず演奏実践や楽器の特性が「和音（の転回）」といかに結びついていたかを確認した。

（4）理論における和音の存在

　さてわれわれは先にザルリーノとラモーの主張を対照し、ザルリーノに確認されるのは「音程の堆積」の概念であって、「和音」という縦の同時的響きをワンセットとして見なす認識は見られないとした。この「和音」という存在に関してはドイツ圏で興味深い動向が見られたことが明らかとなっている。この流れを以下で少し概観してみよう[(30)]。

　ザルリーノの『調和概論』は中世期最重要理論書の一つであり、その後ヨーロッパ各地に伝播されることによって大きな影響を与えた。ドイツ圏におけるザルリーノ受容に大きな役割を果たしたのがカルヴィジウス（Calvisius, Sethus. 1556–1615. Kalwitz, Seth. の表記もなされる）であった。彼はライプツィヒの聖トマス教会のカントールを務め、当時の理論家、作曲家、演奏家として極めて影響力の大きかった人物とされる。カルヴィジウスはザルリーノの著作を直接翻訳したわけではないが、『メロポエイア *Melopoeia*』（1592）などの理論書・教科書でザルリーノの音楽理論を分かりやすく伝え、また作曲も手掛けるなどしてその実践への適用を示したとされる。両者の間には細かな異同が指摘されるが、しかしカルヴィジウスは基本的にザルリーノの音楽論を忠実に踏襲したのであり、そのことがその後のドイツにおける理論

的考察の重要なステップになったとされる。

またカルヴィジウスとほぼ同時期に活躍したのがアヴィアニウス（Avianius, Johannes. c.1555–1617）であった。アヴィアニウスについては残念ながらあまり伝記的情報は残っていないが、ドイツのロンネブルクで司祭かつ教師として活動していたらしい。また彼は10を超える論考を残したということだが、現在残るのは1581年の『作曲法の著作への手引き *Isagoge in libros musicae poëticae*』のみである。この『手引き』に関する詳細な論文を残したベニート・リヴェラによると、アヴィアニウスにはそれ以前、あるいはザルリーノに確認されない、音楽の縦のラインに関する注目に値する認識がある。それを簡単に言えば、“縦の響きは3音で一つのまとまりを成している”ということである。アヴィアニウスにとって「完全な調和」は最低音、3度、5度から成り、「不完全な調和」は最低音、3度、6度から成ることを念頭に具体例を見てみよう。リヴェラの論文（[Rivera]）から“和音”の認識の証左となる『手引き』の譜例を引用しよう。

譜例㉝

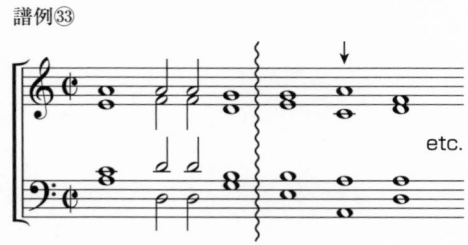

まずこの譜例㉝は「完全な調和」を示すので、すべての縦のラインが最低音からの1度（8度）、3度、5度から成ることになる（つまり“転回形”が使用されていない）。ここでアヴィアニウスは矢印の付いた箇所について「ここには最初の拍におけるとおなじ諸音が見られるが、しかしディスカントゥス声部（訳注；最上声部のこと）以外は配置が変えられている」と注解している。つまりこの矢印の箇所にはミの音がないが、しかし同じだと言っているわけである。このような認

譜例㉞

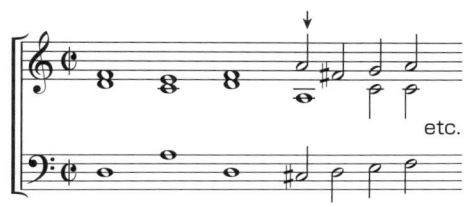

識は次の譜例㉞ではさらに明瞭である。

　譜例㉞は「不完全な調和」を示すので、この中には最低音からの１度（８度）、３度、５度以外の音程も使用されていることになる。それは４拍目と６拍目に確認される。注目すべきは矢印の箇所で、ここでのアヴィアニウスのコメントはこの４拍目も不完全で、「なぜならバスのド♯に対してアルトとディスカントゥスにラが付加されているが、中間音、それはミであったはずだが、それが欠落しているのである」となっている。つまりアヴィアニウスは「ド♯とミとラ」の縦のラインにある３音をワンセットとして見ている（ただしあくまでも下から「ド♯・ミ・ラ」の順番であり、「ラ・ド♯・ミ」とは捉えられていない）。こうしたコメント、特に後者のものは〝３つの音が一つのまとまりを成す〟という認識がなければありえないものである。アヴィアニウスの『手引き』はこうした認識が確かに確認されるがゆえに貴重なものであり、この時点でもはやザルリーノの音楽理論の枠内に収まっていないことが指摘されよう。

　このように３音の縦の並びが一つのまとまりを成すという見立てが徐々に浸透していく中で、「転回」という認識もあらわになってくる。この認識を理論書において初めて示したのはゲッティンゲンなどで活躍したハルニシュ（Harnisch, Otto Siegfried. c.1568-1623）であったとされる。教育者、指揮者として職責を果たす中で、受難曲においても重要な業績を残したハルニシュだが、1608年にフランクフルトで出版された『音楽技芸概論 Artis musicae delineatio』に後の和声学で言うところの「転回」に相当する考えが開陳されている。

組み合わされてできる協和は、<u>オクターヴが付加されると、完全か不完全かのどちらかになる。</u>①完全なのはバス、あるいは5度音程にある下の方の音が、自らの位置にあるか、あるいはそのオクターヴ下にあるときである。②不完全なのはバスが1オクターヴ上に表されているときであり、最低音、あるいは協和の音が放棄されているときである。5度音程の上と下にある音の間にある中間音がいまや最低音である。③この最低音の3度が欠けていることが看取される場所では、最低音の位置にある4度は不協和とみなされる。（①②③の番号付けは引用者による。Harnisch：57）

　この先にもハルニシュの叙述は続くが、「転回」の概略を確認するためにここまでで十分とする。実際のところ、「転回」というアイディアが作動するためには「オクターヴ」という音程を介在させる、あるいは“オクターヴの両端にある2つの音が同じである”とする“オクターヴの同等性”の概念が必要である点は極めて重要だが、引用下線部にあるようにハルニシュはその認識を確かに示している。上記引用をドを中心に譜例にすれば譜例㉟のようになるだろう。

譜例㉟　⊗は最低音を示す

　協和／不協和の認識は現代の感覚とは異なるところもあるが、ここで示されているのは紛れもなく、基本形、第一転回形、第二転回形の3種である。こうして「和音」や「和音の転回」といった概念は次第に理論においても確固とした地場を固めていった。
　そして西洋音楽の真の“三和音理論”を確立したとされるのがリッ

ピウス（Lippius, Johannes. 1585–1612）である。神学者にして音楽理論家であったリッピウスのある意味でもっとも驚嘆に値する点は、彼が27歳という早さで夭折するまでにこれほどの業績を残しえたという点にあると言えるだろう。音楽理論におけるリッピウスの最大の業績は「トリアス・ハルモニカ trias harmonica」という用語を独自に案出したことに集約されていると言われる。これはキリスト神学の「三位一体」に想を得たもので、のちに「三和音 triad」の語源にもなったとされる。数字3は確かにリッピウスにとって重要で神聖な意味を有しており、それは次のような箇所に明瞭に表れている。以下は1612年にストラスブールで出版された『新音楽概観 Synopsis musicae novae』の中の「音楽の三位一体について De Triade Musica」という章の一節である。

> 単純で調和した三和音は真理であり、この3つの音が1つに溶け合った響きこそは、この世に見出される和音の中でもっとも完全で完璧な和音の根幹となっている。（中略）それは神の神秘の投影と象徴である。この三にして一かつ完全なる一致のみがあがめられるものである。（Lippius：F4）

　神学と音楽理論とが合致したテクストの好例と言えよう。本書でもキリスト教と西洋音楽の関係には数度言及してきたが、怠惰な手のペトルスの協和／不協和の考察や、パレストリーナやザルリーノ、そしてアルトゥージが神の完全性と協和の関係を熱烈に擁護し守ろうとした思考と、このリッピウスの「トリアス・ハルモニカ」観は同種のものと言って差し支えないだろう。P－i－P原理で言えば、このPの位置に協和の三和音は置かれるものであり、その中間のiの不協和は完全性から発し、完全性へと回収されるべきものであった。「和音」という“縦の同時的諸音の響きのまとまり”という認識がいよいよ確固となりつつあった17世紀初頭にあって、このPの位置にまさにリッピウスの言う「トリアス・ハルモニカ」はふさわしいと言えよう。
　先に見たように、リッピウス以前に縦の、特に3音のまとまりを

"和音"とする理論家たちがいた一方で、リッピウスが「真の三和音の理論家」と称されるにはさらに根拠がある。ただしこの点はまた専門的にならざるをえないために深入りはしないが、こうした「和音」の認識と1オクターヴ内の音列のあり方とをともに視野に収めながら全面的に捉え、考察した点にある。要点だけを簡単に示せば、リッピウスは先述の通り「三和音」の存在を前面に押し出し、さらに和音における最低音（現代和声学で言うところの根音）の重要性に注意を促し、"転回"を含むさまざまな和音の配置についても考察したうえで、和音の特性と音階のあり方を包括的に論じた。

　音楽において何よりも「三和音」の存在を重要視したリッピウスにとって鍵となるのは、その三和音内の中間に位置する3度が長音程か短音程のいずれであるかという点である。つまり任意の三和音が長三和音なのか短三和音なのかが最重要ポイントであり、そこから音階のあり方を見ると、音階の第1音からの3度が長音程なのがイオニア、リディア、ミクソリディアであり、短音程なのがドリア・フリギア・エオリアということになる（そしてそのそれぞれが三位一体を成している、とリッピウスは言う）。もちろんリッピウスに12の長調と12の短調、すなわち24の調の認識があったわけでは決してなく、あくまでもリッピウスが音楽のフィールドとみているのは12の教会旋法である。しかし、われわれも本書で見たように、従来の旋法の音階観というのは"どこに半音を設置するか"が問題だったのに対し、"音階の第1音から第3音の音程幅"が音階を考える際の重要因子という見方は「三和音／トリアス・ハルモニカ」をここまで前面に打ち出したリッピウスならではのものと言える。そしてこのパースペクティヴがその後の音楽に新局面を切り開く端緒を準備したことからも、リッピウスをもってして「真の三和音理論家」とされるゆえんである。

　（5）ラモーによる「転回」理論の完成

　ここまででわれわれは、本来は複数の横のラインである旋律を組み合わせた結果にできる諸音程の堆積にすぎなかったものが、次第に和

音として認知され、そしてリッピウスに至って和音という見地から横のラインである旋律の音階を考えるという逆転にまで至ったことを確認してきた。これは西洋音楽理論史上において極めて大きな変化だと言えようが、しかしいまだ「和声」あるいは「和声学」と言われるには距離があるとされ、「和声」が西洋音楽理論において確固とした存在として認められるのはラモーを待たねばならなかった。その理由は、ここまで読み進めた読者にはもう困難な話ではなく、例えばモンテヴェルディの《つれないアマリッリ》において現代のわれわれの目から見ればその問題の箇所は属七の和音から主和音への移行だとされていたことを想起すればよい。

　属七の和音を代表格とする「七の和音」は「1度・3度・5度」に加えて「7度」の音程を含むからこそ「七の和音」と呼ばれるのは既述の通りである。つまり「七の和音」は4つの音を内包している。リッピウスまでで確認されるのは3音から成る「三和音」であり、ここから帰結するのは、「三和音」の形態から導かれるのは基本形、第一転回形、第二転回形の3種であるということである。しかし4つの音から成る「七の和音」にはこれらに加えて第三転回形までが可能になることになる（譜例㊱参照）。

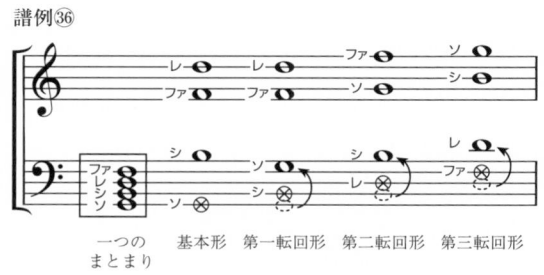

譜例㊱

一つの　　　基本形　第一転回形　第二転回形　第三転回形
まとまり

　これらの和音の諸形態は当然ラモー以前にも作曲や実践の場で使用されていたし、そのことは例えば先のカンピョンの『オクターヴの規則』の中にも確認される通りである。ただし、三和音という協和音

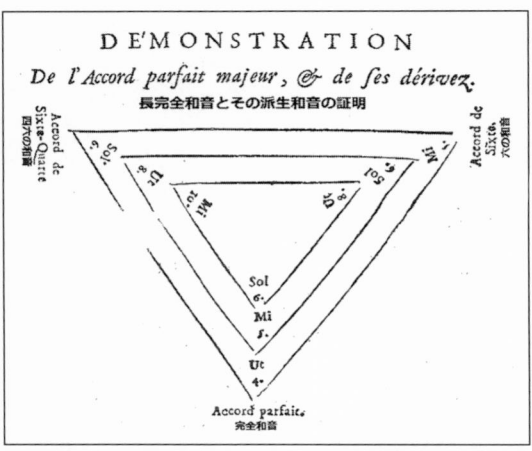

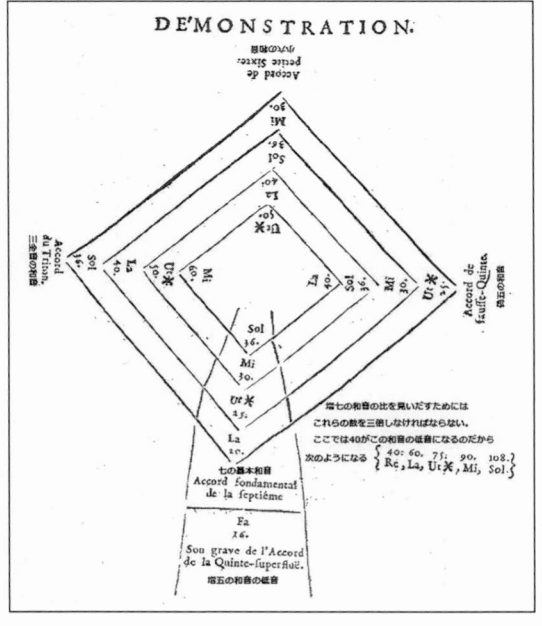

付言しておけば特に興味深いのは七の和音の方で、ここでラモーはラ・ド♯・ミ・ソの4音を示しているが、これはレを主音とする短調の属七の和音である。『和声論』においては短調の祖型についてはドリアとエオリアの両論併記であることはすでに指摘したが、ここでも短調の祖型はラではなく、レを主音とするドリア旋法であったことが明らかである。

ラモー『和声論』より

190

だけでなく、不協和和音である七の和音も音楽に欠くべからざる一つのユニットを成しており、しかも第三転回形までもが七の和音の変化形だと理論書の中で明言したのはラモーをもって嚆矢とされている。『和声論』の中で三和音と七の和音とその転回形を興味深い仕方で例示したのが前頁図である。

　「転回」の概念を三和音にとどめず、七の和音まで敷衍させたことの意義は極めて大きい。ここにまで至って初めて転回の論旨のすべてが出揃い、その理論が完成したと言えるからである。その意義の大きさを確認するために『和声論』から具体的な譜例を一つだけ引いておこう。

譜例㊲

例えば最後から２番目の属七の和音に注目してみよう。この「ソ・シ・レ・ファ」の和音の「ファ」の音（最上段の音）もまた、もはや前の音から予備されていない。これはモンテヴェルディの革新がなければありえなかった音楽の姿であり、「第二作法」「新しい調性」の音楽である。

この譜例㉧に付されたラモーの文字による説明とコメントは多少冗長で迂遠なので、簡単にそのエッセンスを確認することにしよう。まず初めに、試しにこの譜例の最下段の部分を手か何かで隠してみる。そしてその上の譜面で見ることのできるのが実際の楽曲、あるいはその骨子に相当する部分であるということになる。ここに付された数字とともに音符たちを見てみると、一見して確かに複雑な様相を呈しているように見える。ここで隠していた手をどけて、その最下段までを視野に収めてみれば、実はこうした楽曲のあり方を支えているのはこの最下部の基礎低音／根音バス basse fondamentale であり、この声部の諸音はそれぞれの和音の最低音／根音を明示していることになる。つまりこの基礎低音の声部を確認すれば、使用されている和音がいかなるものかを瞬時に判断できる。これが基礎低音／根音バス理論の要諦である（そしてこのように見れば、われわれが第２章で見たようなカデンツの構成はこの基礎低音／根音バスの理論をもとにすれば一瞥のもとに把握されることが理解されるだろう）。

　しかしさらに重要な点が看過されるべきではない。ここで振られた数字にしかるべき注意が必要となる。つまり、先ほど見た上部四声の箇所にはさまざまな数字が複雑に記載されていた一方で、基礎低音の声部には何も数字が振られていないか、あるいは「７」とあるだけである（♯の記号は中間の３度の音程が長音程に変位されることを示す。すなわちこの和音が属七の和音であることを示す）。数字付き低音の規則においては数字が付されない和音は三和音、７の数字は七の和音であることを示す。つまり、上段の音楽のあり方がどうあれ、還元するところまで還元すれば、音楽を構成しているのは三和音と七の和音だけということになる。これはなにも上掲の譜例にのみ当てはまるのではなく、すべての楽曲がそうなのだというのがラモーの主張である。

　なぜならラモーは明言する。「音楽には完全和音と七の和音だけしかない」（ラモー：11）。どんなに複雑で多彩に聞こえる音楽も、骨格だけを確認すれば三和音と七の和音が順次継時的に並べられているにすぎず、音楽の多様性はそれらの和音が転回されることによって生み出されているのだ（そして三和音という完全協和 Perfect と、七の和音と

いう不完全協和imperfectしかないということであれば、これは例のP−i−
P原理にも見事に合致する)。

　このような主張に至るためには三和音の転回だけでは不十分で、不
協和和音である七の和音も転回可能であるというパースペクティヴが
どうしても不可欠であった。つまりラモーは七の和音の転回も自らの
理論に取り込むことによって、この譜例に端的に表れているように、
音楽現象を一挙に簡略化することに成功したのである。これがラモー
の和声理論の最大の業績の一つである。ここに至って、"旋律は和声
の一部であり、和声こそが音楽を作る"という主張が可能となった。
こうして和声学の礎が築かれた。

終章　音楽と自然

（1）和声的調性音楽は“自然”なのか

　ここまで本書では、和声的調性というものがわれわれが現在親しんでいる西洋音楽の根幹をなす特色であるという見立てに基づいて論を進め、考察を重ねてきた。こうした音楽がいつどこで発生したのかを確定的に言うことは、困難というより不可能であることを本書の読者は理解されたことであろう。おおよその時代を確認するのであれば、「現代の調性」はモンテヴェルディの革新によって現出し、24の調は旋法や詩編唱定式調を素地としながら17世紀に徐々に姿を現し、そして和音というユニットが音楽の根幹をなすというパースペクティヴも17世紀初頭から確認されるようになり、理論面においては1722年のラモー『和声論』によって決定的に定位されるところとなった。もちろん音楽というものを考えるときには、拍子やリズム、音色や音量など考察の対象にすべき点はほかにもある。しかし現在われわれにもっとも身近であるといっていい西洋音楽の大きな特徴が「調」「調性」「和声」といった用語で説明可能であることはここまでの本書の叙述が明らかにした通りである。

　そしてこれらの3つの要素は互いに密接に関係しあいながら、一つの完結した音世界を作り上げているということができる。つまり24の調を活動の場とし、旋律だけでなく和音も音楽構造の欠くべからざる要素であるという見立てのもと、「参照先となる主音」を巡って音楽は進行し、そしてその主音へと向かって音楽は区切りを迎え、収斂する。この収斂の仕方がモンテヴェルディによってさらなる自由度と柔軟性をもってなされたことが後の音楽のあり方を決定づけたわけだが、こうした構造的性格を有する音楽は予定調和の世界であり、一つ

の完結した世界を成しているものであると言える。

　こうした音楽が400年の長きにわたって存続し、現在でも他の音楽の追随を許さぬほどに圧倒的存在感でわれわれの生活の中にあると言うことができるだろうが、しかし他方でこの音楽は一つの閉じた体系にすぎないとする認識や指摘はすでになされてきている。そうした指摘の中でも特に示唆に富む重要なテクストをウンベルト・エーコ（Eco, Umberto. 1932–2016）の著作『開かれた作品』から引用しよう。

　　中世末期から今日に至るまで音楽の発展を支えてきたのは調性組織である。調性組織は、体系それも設定された体系として（調性を〈自然発生的〉事象だと考える人は誰もいないのであるから）、音楽家にとって〈韻律〉という作業慣習と同じ機能を果たしてきた。調性音楽家は、この体系に従いながら体系と格闘するというかたちで、曲を生み出してきたのである。（中略）偉大な音楽家はこの約束事の範囲内で、調性組織を再提示する諸々の新手法を創り出してきたわけである。
　　だが、ある時点で音楽家は調性組織から脱出する必要があることに気づいた。例えば六音音階法を用いたドビュッシーがそうである。（中略）またシェーンベルクは調性組織を決定的に破壊し、一つの新しい体系を創り出した。ストラヴィンスキーが創作活動のある時期にある程度調性組織を受け入れていたのは、調性組織をパロディー化することが、それを称揚する瞬間に怪しげなものに見せる唯一可能な方法だったからである。（エーコ：295–296）

　ここでのエーコの調性を巡る見立ては卓抜であると言えよう。調性という体系は種々の約束事からできた領域であり、一つの完結した、閉じた世界である。特に和声的調性は自らの内部の約束事・法則性が担保されているがゆえに予定調和を約束しているものでもあるから、その内部に留まって安住することはむしろ真っ当な態度だとも言える。しかしその一方で、この閉じた世界の中で、そうした厳格な規則に従い続けながら音楽活動を続けることがもう飽和状態に達したと感

じられた際に、その外に出ようとすることは可能でもあり、そしてまたごく真っ当な態度であるのだ。だから20世紀の前衛音楽家たちはそうした既成の規則／コードに従うことを自ら拒否し、一方的／限定的な聴取の仕方を強要することのない、解釈の"開かれた作品"の創造に果敢に挑戦していった。エーコの『開かれた作品』はそうした創作に支持と共感を示した、現代芸術擁護の書である。

このように、和声的調性音楽は一つの予定調和の世界を作り上げているのだが、しかし予定調和の音楽はどうしても和声的調性の音楽でなければならないというわけではないし、絶対に予定調和的な音楽でなければならないわけでもない。この閉じられた予定調和の外に計り知れない数の音楽は現にあるのだし、また今後新たに生まれる音楽の形もあるだろう。しかし現状を見るに、人々が耳にしているのは圧倒的なパーセンテージで和声的調性に基づく音楽であり、この圧倒的優位が揺らぐようにもまだ見えない。この和声的調性音楽は現代人にとってあまりに身近すぎる存在であり続けたがために、われわれの意識の中ではどうやら「音楽＝自然」という不動の等式までできあがってしまっているようにも思われる。しかし音楽は自然由来のものであったり、自然からの賜物であったりするのだろうか？

（2）"自然探究"と音楽

現代でも自然や天然のものを何気なく礼賛する傾向は確かにある。食物として口にするものはできる限り自然なものがよいとか、肌に着けたりするものも天然自然なものが望ましい、といった文言はよく目にする。それと同じように、音楽も「この音楽は自然な感情を吐露したものだ」とか、「自然な気持ちを素直に表現した音楽」が称揚されることはよくあることだし、特段気にも留められないのが実情である。そもそもこうした場合において「自然」という言葉で何が意図されているのかは重要な論点になるはずなのだが、これはいわば"素朴な自然信仰"とでもいうべきもので、特に深い考察に基づいてなされたわけではなかろう。

しかし「芸術と自然」というのは大きなテーマで、多くの芸術家がこのテーマに真剣に取り組んできた。和声学の始祖ともいうべきラモーもその一人で、それは彼の第1作にして主著である『和声論』のフルタイトルが『自然の諸原理に還元された和声論』となっているところにも明瞭に表れている。この点は別著で詳細に検討したが(31)、音楽現象は自然に還元できるという考えはラモーを終生捉えて放さなかった。音楽理論家としてのキャリアが始まって間もないラモーは、音楽の根源はピュタゴラス以来の数比の伝統に則ることでさかのぼることができると考えたが、近代科学（特に音響物理学）の知見に触れて以降は倍音という自然現象こそが音楽の源泉であると捉えた。しかし科学によって音楽現象を自然に還元しようとするラモーの試みはことごとく失敗した。しかしそれでも、音楽には何らかの統一原理／トータル・セオリーが存在するはずだという強固な信念を捨てきれないラモーは晩年に至って神や創造主といった神秘的宗教観へと傾き一生を終えた。

　以上は音楽理論家ラモーのキャリアの簡単な粗描にすぎないが、こうしたラモーの変遷を現代の見地から批判するのは浅薄というべきである。ラモーは自ら生きた時代の限界の中で真剣に音楽と自然との関係を考察したのであり、そのために先人の膨大な文献を読み込み、その考察の基盤が数比であろうが、科学であろうが、宗教であろうが、切実に統一理論を模索したわけである。

　しかしラモーが活躍した18世紀ヨーロッパを広く捉えれば、こうした"自然探求"の方向性は何もラモー個人に特有なものというわけではない。"自然こそ森羅万象の根源"という「自然観」はラモーに限ったことではなく、この時代全体の最重要キーワードの一つであったことが指摘されるべきである。人間を"自然の主人にして所有者"とみるフランシス・ベーコン的自然、デカルトの機械論的自然観、ライプニッツ的有機体論的な自然、そして独自の自然観に基づいたジャン・ジャック・ルソーの主張から、後の19世紀のロマン主義的な自然観までが控えている。こうした多様な自然観がある中で、ラモーの探求に見られる自然観をより深く理解するために、あまり注目度は高

くないが古典的著作といえるウィレー（Willey, Basil. 1897–1978）の『十八世紀の自然思想』を参照し、その中でラモーの自然観がどのように定位されるかを確認してみよう。

　さて18世紀の考察に入る前に、ウィレーの前著である『十七世紀の思想的風土』からその前史を踏まえておくことは有益である。この中でウィレーは、自然と人間に対する神学的見方がいつ勢力を失い、後代へと時代が続いていったのかは明確に決定づけることはできないとしながらも、まずそれまでにも脈々と続けられてきた"真理の探究"という方向性において17世紀的特徴がなんであったかと言えばそれは「説明」である、と指摘する。「「説明」とは当時一般に持たれている関心と前提のかたちで以て、何ものかを、即ち事件、理論、教理などを言い換えることであると多分大ざっぱに定義できるであろう」（ウィレー 1958：3）。そして近代を画することになる一連の科学革命の「十七世紀の巨人たち、──いわゆる天才の世紀」（同掲書：11）において、「「科学的説明」が神学的説明に取って代わる」（同掲書：4）ことが明確に指摘される。

　　　この説明がそれが取って代わった説明よりも「説得的」性質をより多く持っていたし、現在も持っていることを何人も否定しようとしないことは言うまでもない。しかし何故より説得的であったのか？　人間は今や強権的な教えと矛盾しないような種類の「真理」の代わりに、人間をして大きさ、重さを測定し、周囲の事物を支配することを可能ならしめるような種類の真理を欲求しはじめたから、その説明はより説得的であったと考えてよかろう。（同）

　このように科学による説明の記述を推し進められるようになったのは17世紀が「近世諸世紀のうち最初の世紀であった」（同掲書：5）からで、この説明の基礎となるのが「実験的方法」であり、「概してスコラ学が真理の障害と考えられたのは、それが実験的方法による探求をさらに進めることに水をさすと思われたからであると言うことが

できよう」（同掲書：8）。したがって17世紀における実験科学への傾斜は、漸次的ながらも決定的なシフトであったと認識されるべきである。以上の指摘から、ラモーの『和声の生成 Génération harmonique』（1737）の成立にはホイヘンス（Huygens, Christiaan. 1629–1695）やソヴール（Savveur, Joseph. 1653–1716）といった17世紀以降の科学者たちの存在があったことと、確かに『和声論』の段階においては数比のスコラ学的思考形態に留まっていたものの、その後の"実験科学によって和声の諸法則の説明をし尽くそう"とするラモーの飽くことのない志向性にはこうした時代精神があったことが了解される。

　そして次著『十八世紀の自然思想』においてウィレーは17世紀末および18世紀初頭において「「自然」の概念ほど重要な役割を果たした概念はほかにない」（ウィレー 1975：2）と断ずる。そしてこの時代においても「自然」という言葉が極めて多義的に使用され、そのために語義の曖昧さが指摘されなければならないとしたうえで、次のように述べる。

　　　しかし、われわれの扱うこの時代には、人びとがもっとも強く感じていたのは「自然」の曖昧さではなく、むしろ〈自然〉と〈自然〉の諸法則との明白さ、権威、普遍妥当性であった。〈自然〉の諸法則は理性の諸法則であり、それらはつねにまたいたるところで同一であり、数学の公理と同じく、それらが提示されさえすればかならず、すべての人によって公正で正しいものと認められるものなのである。（同）

　この引用部はラモーの理論的探究の動機を端的に明らかにしてくれるものとも読める。ここには「宇宙はますます、厳密に決定されている物理的因果性の諸法則によって動いている〈偉大な機械〉と見なされる」（同掲書：4）という18世紀的な機械論的自然観も垣間見えるが、さらにウィレーの指摘が興味深いのは、こうした18世紀的自然観が、純科学的分野に留まらず、芸術の領域においても着実に浸透していった、とする点である。

批評家たちの「自然」はおそらく物理学と神学からその権威の一端を借りていたが、批評における特殊な問題は、〈自然〉への忠実さを〈芸術〉の諸規則への忠実さと一致させ、またその両者を理性と良識の諸要請と一致させることであった。（中略）〈芸術〉とは「〈方法〉に還元された良識」であるとラパンは言い、また次のように続けている。〈諸規則〉とは「〈自然〉を〈方法〉に還元するためにのみ作られた」のである。〈諸規則〉とは、実際、それによって完全な自然らしさがえられるような諸法則のことである。（同掲書：20）

　文脈を踏まえれば、ウィレーがここで言及しているのは文学の領域のことであるが、しかしこの記述は音楽理論におけるラモーの目指す方向性と驚くほど類似している。先の引用と合わせて、「自然」「法則」「規則」「理性」「還元」といった言葉遣いまでがラモーのテクストで頻出しているのと同じであることが容易に見てとられる。こうした方向性が18世紀フランスにあって相当に普及していたことを確認しておこう。後にラモーは百科全書派との深刻な対立と反目に至ることになるが、他でもない『百科全書』の「序論」には次のような一節がある。

　　数学的諸知識の用途は、天体研究において劣らず、私たちをとりまく地上の諸物体の吟味においても大きい。これらの物体のうちに観察されるすべての属性は、相互間に多少の差はあれ、私たちの目にとまる諸関係を持っている。ほとんどの場合、〔背後の力の認識には至らず〕これらの関係〔自体〕の認識ないし発見のみが、私たちが到達することの許される唯一の目標であり、従って私たちが自分に課すべき唯一の目標である。それゆえ、私たちが自然を認識することを期待しうるのは、漠然たる恣意的な仮説によってではなく、諸現象の反省的研究、諸現象相互の間で行なわれる比較、非常に数多くの現象をそれらの原理とみなされうるただひとつの現象に可能なかぎり還元する技術、によってであ

る。（ディドロ／ダランベール：36）

　この序論の筆者はダランベール（d'Alembert, Jean Le Rond. 1717-1783）であるとされており、文脈的に言ってこの引用箇所で扱われているのは純粋科学の諸学問のことである。しかしここで述べられていることは、"数学の諸知識を用いて森羅万象の自然現象を原理へと還元すること"が科学の一大目標であるということであり、こうした認識は、ウィレーの著作から確認した通り、17世紀の科学革命から18世紀へと引き継がれ、フランス啓蒙思想まで受け継がれてきたわけである。こうした状況の中で、ラモーの音楽理論の目論見とは、この科学の目標を音楽の領域で全うすることに他ならなかった。

　実際にラモーのテクストがいかなるものであったのかを振り返っておこう。すでに指摘している通り、『和声論』は近代以前の数比の論理をもとに原理を明らかにするというロジックに基づいていることからこれを現代的な意味で"科学"とすることはできないが、しかし『和声論』においても数学／数比の力で音楽現象を自然へと還元しようとする"学問"を目指すラモーの野心的な姿勢は、『和声論』の読解から容易に察せられる。この姿勢は音響物理学という"科学"という後ろ盾を得たことによってますます強化されたと見るのが妥当である。それはラモーのもう一つの主著である『和声の生成』における「音楽とは物理・数理的な学である」（Rameau 1737：30）という宣言を想起すれば十分に確認されることであろう。

　しかし、と同時に、この自然への科学的還元が首尾よくいっていないという趣旨の批判が寄せられたこともまた事実である。ラモーの同時代においては、ベルヌーイ（Bernoulli, Daniel. 1700-1782）、オイラー（Euler, Leonhard. 1707-1783）、ダランベール、ルソーらによるラモー批判にはこの趣旨が含まれていたと見られるべきである。

　彼らは上方倍音列を、それが"自然現象だから"という理由で和声論の土台に据えようとするラモーの論法に異議を唱えた。その異議を簡略に述べれば、日常的な環境においてある物体を鳴らせば聞こえてくるのは雑多な「諸音の混合」であるはずであり、上方倍音が明瞭に

耳にされるためにはそのように音響物理学的に整った場の設定が必要とされる。そうしたある意味人工的にセッティングされた場における現象が自然であるかは疑われなければならないし、もし自然が音楽の原理であると主張するのであれば、そうした雑多な諸音の混合こそが音楽の原理とされるべきではないかという点がある。

　また確かに上方倍音は下方倍音とは違って現実に生じる自然現象だとしても、第七倍音以上を捨象し第六倍音以下だけを選択している点、そしてその第六倍音までの12度と長17度を即オクターヴ下の5度と長3度と同一視して、長完全和音（長三和音）導出の根拠とすることにも、人間によるデータへの恣意的な操作があると指摘される点が挙げられよう。

　これらに共通していることは、ラモーが自らの理論において"自然へと還元"していると主張していることには、すべて"人為"が絡んでいるではないか、という批判が含まれる、ということである。人為的要素が少しでも指摘される限り、音楽を"自然へと還元"する試みは成功していないという判断が下されるべき、という帰結になる。

　このように、"音楽は自然である"というこのそもそものパースペクティヴに関しては正当に批判的検討が加えられてよいし、実際に加えられてきた。ラモーを念頭に展開された注目すべき"自然と音楽"論をいくつか見てみよう。

（3）音楽は自然ではなく、
　　　　　自然は楽器も音階も和音も作らない

ベルリオーズによる批判

　上述の通りラモーは、科学主義の方法に則り音楽現象の探究に乗り出したわけだが、その立論にそもそも問題があるのではないかといった異論は早々に提起されていた。この点は別著［伊藤：2020］で詳細に記したので、ここでは、時代的にラモーよりも後代のことをフォローしてみたい。《幻想交響曲》で有名なベルリオーズ（Berlioz, Louis-Hector. 1803–1869）は『パリ音楽時事新聞 *Revue et Gazette Musicale de Paris*』1842年号のトップ記事に、「ラモーと、彼の著作

のいくつかについて　De Rameau et de quelques uns de ses ouvrages」という論考を発表している。

　題名から明らかな通り、おおよそのところ内容的に言ってラモー理論を考察の対象としたものである。約３頁にわたるこの文章においてはラモーの和声理論が音響体の共鳴現象／倍音現象を基礎としている点を的確に指摘したうえで、しかし「和声に関するラモーのシステム全体は自然の事実に基づいているが、ラモーによるその自然の事実の観察は極めて不正なものであった」（Berlioz：322）と批判する。ここにおいてベルリオーズは、短調（短３度）問題（これらは倍音現象からは説明できないこと）、基体の振動からは不協和音程も生じうること、長協和和音を導出するために第七倍音以上を捨象していること、などを次々に指摘しており、その内容も科学的に見て妥当なものである（Cf. *op.cit.*：323）。それに加えて、本論に関係する興味深い論点として“音楽と自然”というテーマでベルリオーズが自説を展開している箇所を見てみよう。

　端的に言えばベルリオーズは“音楽を自然に還元する”こと自体の意義を問い、それがそもそも不毛なのではないかと疑義を投げかける。近年でもある作品の判断に“これは自然の中にあるから良い／悪い”といったフレーズが使われるが、あらゆる芸術の評価に自然の模倣を持ち出すこと以上に「馬鹿げたことはない」（*op.cit.*：322）というのがベルリオーズの主旨である。

　さらにはもし自然がそれほど音楽において重要だというのであれば、確かに人の声が自然なものであると言うなら、「そうであれば、あなたの音楽にあらゆる動物の鳴き声を挿入させよ。これらの鳴き声も、人の声の語調と同じく、自然なものなのだから」（*ibid.*）という、後の20世紀のミュージック・コンクレート派と同趣旨のことを述べている。また、この主張に則るのであれば器楽が否定されなければならないだろう。なぜなら「自然はヴァイオリンを作らず、ヴァイオリンを作る人間を生み出す」のだから、「器楽は自然なものではない」（*ibid.*）ということになる。

　このようにベルリオーズは音楽に蔓延する素朴な自然観をことごと

く批判していく。そして、その批判は他でもないラモーに向けられる。音響物理学の力を借りて、自然な倍音現象に音楽は還元できると考えたラモーの主張に対して、ベルリオーズは科学的知見を交えてその誤謬を指摘し、こうした科学的事実が「どうして彼の理論を強化することなどできただろうか？」と強調する。そして「なんと不幸なラモーだろうか！」と嘆いてみせた後で、この論考を次のように締めくくる。

　　彼こそは自然現象から和声（アルモニ）を引き出そうとした音楽家である。（中略）しかしもし彼がこの現象をその全体において知ることができたなら、本当に彼の支えとなるのは倍音の組み合わせだと認めざるをえなかっただろう。そして音楽の調和（アルモニ・ミュズィカル）とは諸音間でなされる選択の結果であることを公言せざるをえなかったであろう。その選択は、これこれの諸音の組み合わせにおいて、それら諸音がわれわれの耳に対して生み出す印象の観察に従ってなされるものであり、それらが継時的に連ねられる際に特に慎重になされる。そして最後に以下のことを認めざるをえなかったであろう。すなわち、和音の学問（スィアンス）とはわれわれの組織化という学問以外の存在理由（レゾン・デートル）を有さず、彼が疑問視していたもの以外に基礎を有さないということである。それはつまり、経験である（*op.cit.*：323-324）。

　このようにベルリオーズの批判の筆致は鋭いが、念のために一筆しておけば、ベルリオーズは「ラモーの、音響体による和声の生成の発見と基礎低音（バス・フォンダマンタル）の創出」といった和声理論に関しては当然その重要性を認めている。しかし、"音楽は自然である"というパースペクティヴから離れることのできなかったラモーへの批判は正当で妥当なものと言えるだろう。ここでベルリオーズが、音楽とは組み合わせや選択、組織化といった人為の結果であり、これらは人間の経験に基づいてなされると確言している点にはしかるべき注意が払われるべきである。

ヘルムホルツによる批判

　ヘルムホルツ（Helmholz, Hermann Ludwig Ferdinand von. 1821–1894）は19世紀ドイツで業績を残した音響物理学者であり、彼の主著である『音感覚論』は幸い近年日本語訳でも接することができるようになった。その邦訳を概観するだけでもヘルムホルツが科学者として音一般の振動や倍音現象、楽器の特性、聴覚にまつわる諸問題等を純粋に物理学的に捉え、研究していたことをうかがい知ることができる。

　ヘルムホルツの考察は極めて専門的であり、まさに音響物理学にふさわしいものと言える。そうした科学の立場からヘルムホルツはラモーのいくつかの見解に対して的確な批判を加えている。それは例えば、上方倍音列から協和音程を導出する際の恣意性や、「基礎低音／根音バス」理論の根拠のなさについてであり、これらを"自然への還元"だとしようとすることは無理筋だという点を科学的客観性に基づいて鋭く突いている。しかしヘルムホルツはラモー理論を無下に否定するわけではなく、むしろラモーとダランベールの論考が「歴史的に重要」（ヘルツホルツ：381）である点は明言している。

　　ラモーが長和音の音の間に見出したように、このような自然に与えられた関係の証明は少なくともさらなる研究への手掛かりとして注目に値することを否定する積もりはない。また実際に今我々が概観できるように、ラモーもこの事実からハーモニーの法則が説明できるはずであると推測しているのはまったく正しい。なんとなれば自然には美しいものと醜いもの、癒やすものと害するものがあるからである。美学的にそれを正当化するためには自然であるという証拠だけでは充分ではない。その他にラモーは叩いた棒、鐘、膜、吹いた空洞で多様なはっきりとした不協和的な和音を聞くことができたに違いない。このような和音も自然であることを説明しなければならないだろう。（同掲書：380）

　この引用箇所ではいくつか指摘すべき点があるが、大枠としてヘルムホルツの意図はラモーによる自然への還元は不完全にしかなされて

いない、という点に集約されるだろう。この引用の後半の"自然には不協和も含まれるはずである"という論旨にはしかるべき注意が払われるべきである。その点、この引用前半での、自然には美も醜も、癒やしも害も存在するという指摘はさらにラモーへの根本的な批判となっているであろう。つまり、音楽内の構造や法則性を自然に還元しようという方向性そのものが間違っているわけではないが、しかしそれだけでは不十分だと指摘されているわけである。

『音感覚論』が貴重なのは、純・音響物理学的な考察に留まらず、その枠を出て、ヘルムホルツが言うところの「美学」的な面にまで言及されている点である。ヘルムホルツ曰く、音楽の初歩的な規則について考察するということは、「純粋に自然科学ではない、違う領域」、すなわち「美学の領域に属する課題」なのである。

> 合成音の粗さが他のものよりも大きいか小さいかは耳の解剖学的構造のみに依存し、心理学的な動機に依存しない。しかしどの大きさの粗さにまで聴者が音楽的表現手段として我慢する気があるかは嗜好と慣れに依存する。それ故に協和音と不協和音の間の境界は多様に変化してきた。（中略）すなわち、音階、調およびその和声の組織は単に自然法則に基づくだけでなく、その一部は人間の継続的な進歩とともに変化してきた、また今後も変化する美学的原理の結果である。（同掲書：386）

この引用には傾聴に値する点がいくつかあるが、ヘルムホルツの主旨は次のように言い換えられるのではないか。つまり音楽がもし自然そのもの、あるいは自然からの直接の産物でそれ以外に何の異物も混入していないのであれば、音楽という存在の解明には音響物理学や解剖学などの科学で十分である。しかし音楽は人間の「嗜好や慣れ」に依存するものである以上、不変の存在ではない。ヘルムホルツは『音感覚論』で幾度も「美学」という言葉を用いるが、その定義は厳密というよりも、"科学で明らかにできない分野"といった語義で使用しているものと解される。つまり、ここに人間の「嗜好と慣れ」が含ま

れる。

　ここから導き出されることは、西洋的知は17世紀の科学革命以降、科学による自然解明にシフトしたわけで、そのこと自体に問題があるわけではないが、しかし音楽はそうした純粋科学が対象とする領野よりも広い（つまり美学が含まれる）ことを認めるべきなのだから、"音楽を自然に還元する"という科学的手法だけでは不十分だ、ということになる。この言説が他でもない音響物理学者ヘルムホルツから発せられていることには注意が払われるべきである。

> 　欧州の音組織の発展の基本原理として、すべての音の群および和音結合が自由に選択した主音と緊密で常に明確な親戚関係にあること、これから全作品の音の群が発展し、それに再び戻ってくること、が要求される。古代世界はこの原理をホモフォニー音楽で発展させ、現代の音楽は和声的音楽で発展させる。しかしこの原理はお分かりのように、美的なものであって自然なものではない。（同掲書：411）

　この引用前半部は、「参照先となる主音^{レファレンシャル・トニック}」のヘルムホルツなりの言い換えであることは、本書の読者には明らかであろう（実際『音感覚論』ではモンテヴェルディの属七の扱いや、フェティスの調性／tonalitéについても言及されており、その理解も妥当なものと言える）。そして、このように主音を巡って展開される西洋音楽というのは「美的なものであって、自然なものではない」と明言されるに至る。音楽のそうした美学的な面（「心理的な動機」とも言い換えられている）の解明は確かに魅惑的ではあるが、「自分は慣れている自然科学の地に留まり続ける」という『音感覚論』の最後の一文は音響物理学者ヘルムホルツの良心と矜持を示していよう。本書のテーマからすれば、「このような美的な基本原理の成立は自然の必要性に帰することはできず、（中略）純粋な発明品である」（同上）という指摘こそが踏まえられるべきである。

シャーロウによる批判

　シャーロウ（Shirlaw, Matthew. 1873-1961）に関しては情報を入手することが困難で、エジンバラ大学で教鞭をとった教歴の他にはほとんど伝記的情報は分からない。しかし彼の著書『和声の理論 The Theory of Harmony』（1917, 再版1969）はこの題名の通り、和声の理論史を追った本格的な専門書であり、ザルリーノやラモーをはじめ、タルティーニ（Tartini, Giuseppe. 1692-1770）、ゾルゲ（Sorge, Georg Andreas. 1703-1778）、マールプルク（Marpurg, Friedrich Wilhelm. 1718-1795）、キルンベルガー（Kirnberger, Johann Philipp. 1721-1783）、フェティス、ハウプトマン（Hauptmann, Moritz. 1792-1868）、ヘルムホルツ、リーマン（Riemann, Hugo. 1849-1919）、そして20世紀初頭イギリスの研究状況にまで言及された、和声研究の一大著作である。発刊から100年以上経ったこともあり、中には刷新されなければならない古い情報も散見されるものの、現在でも和声という観点から西洋音楽にアプローチしようとする者にとっては必読の基礎文献である。

　この『和声の理論』においてシャーロウは、ラモーの理論書群のフォローにその半分以上のページ数を割いており、忠実な読解とともに学術的に批判的な言及も的確に加えている。実際のところ、その深い洞察力に基づいたラモー批判には鋭いものが多い。シャーロウ曰く、当初はピュタゴラス以来の数比の伝統に基づいて理論的考察を始めたラモーが、倍音現象に接してからは自らの音楽理論の基盤を音響物理学へとシフトした点を的確に指摘している。「しかしながら、深刻な諸困難にぶつかるまでに、ラモーが自らの理論的発展においてその先を遠く進むことはなかった」（Shirlaw：454）。それらは例えば本書でも確認したような短3度の問題や、和音を自然に還元しようとする論法における問題点であったわけだが、ラモーと自然という点に関してのシャーロウの注解を下で確認しておこう。

　　確かにラモーは、"自然な"という用語を使用する際に正確な語義を十分明確にすることはなかった。彼は和声とは"自然な効果"であり、"自然"から直接に引き出されるものだと述べるこ

208

とで満足していたのだ。(*op.cit.*：455)

　われわれはこの曖昧な"自然観"はラモー一人のものではなく、18世紀という時代背景に照らせば十分に理解されるものであることをウィレーを参照して確認したが、しかし確かに問題のある使用法であることに疑いはなく、ここにラモー自身のつまずきの原因があったことは否めない。かくしてラモーは音楽法則を自然に還元することには成功しなかったわけだが、しかし「彼の継承者の中の誰かがこれらの諸困難を取り除くことができたと言うこともできない」(*ibid.*)と付け加えることもシャーロウは忘れていない。

　"自然と音楽"という論点において、興味深い文章をシャーロウから確認しておこう。それは"自然は音階を作らない"と指摘される次の部分である。

　　すべての音楽は、それが和声的なものであろうと旋律的なものであろうと、自らの起源を音階に持つ。しかし音階は人の手によるものである。自然は音階を作らない。どうして和声の基本的な諸原理と自然の構成あるいは流れとを同一視しようと試みることに時間を無駄遣いするのか？　これは単なる根拠のない夢であり、この夢は科学者にも哲学者にも研究するに値しない。人は星に到達することはできない！　人は、例えばゲーテのように、自然の無限の精髄に思いを馳せることはできる。しかしそれをその手でつかむことはできないのだ！(*op.cit.*：177)

　後半の論旨はこの著作が1917年当時のものであることを考慮に入れて読まれるべきであるが、大方の論旨として、音楽と自然を同一視しようとすることの限界と愚とが指摘されている。特に音階について本書の読者は、古代ギリシャから音階の設定にどれだけの人為が絡んできたのかを見てきたはずである。音階の形は一様ではないし、現在のドレミの音階の出現は自然から直接に導出されたものでは決してない。したがってシャーロウは音楽における人為の大きさを強調する。

以下は『和声の理論』の結末部で協和音程について考察しているくだりからの引用である。

> つまり、これらの音程を協和音程として認識し、知覚することは、耳の教育の長いプロセスの結果なのである。このような見方には確かに生理学的根拠と、心理学的根拠の両方がある。長・短3度の歴史はこのことを確証しているように思われるだろう。これらの音程は長い経験の後でのみ初めて到達せられたものである。(*op.cit.*：483)

　現代の和声的調性音楽にとって要でもある長・短3度を協和音程と受け止めるか否かは、教育や訓練によるものである。したがってその教育や訓練（これは意識的あるいは無意識的であるかを問わない）に接した経験のない者には、まったく別様に感じられたとしても、むしろその方が当然と言えよう。であればなおさら、こうした西洋音楽を自然からの直接の賜物とすることはできず、まだまだ探究すべき点は多い。その探究の道は困難であろうが、しかしそれでもそれは進むべき道なのだ、と最後に書き付けてシャーロウは『和声の理論』を閉じている。

（4）和音と自然

　一般に流布している「音楽＝自然」観に対して、上述の各コメントは核心を突いた批判たりえているだろう。音楽は自然そのものでは決してないし、自然を志向／希求するものでもない。本書の読者は、ウンベルト・エーコの『開かれた作品』からの引用にもさりげないながらも同種の指摘があったことを覚えているだろう。その引用内の冒頭のカッコ内に「調性を〈自然発生的〉事象だと考える人は誰もいない」とエーコは述べていた。「自然はヴァイオリンを作らない」「自然は音階を作らない」のと同じように、自然はつねに「参照先となる主音」を中心に進行し、属七の和音から主和音へと至

る調性構造を生み出したりはしなかった。

　ここで確実を期すために和声の最重要ユニットである和音と自然についても考えておこう。というのも、歴史的に見れば、本書でも辿ってきたように、まず諸音の音の配列である旋法や音階が設定され、そしてポリフォニーの音楽になっていった経緯があるが、特に19世紀末から20世紀初頭にかけて"機能和声"的な見方が確立してくると、和音の存在が極めて前景化し、和音こそが音楽の第一条件であるというパースペクティヴまで出てきた。例えばハ長調を例にとると、機能和声においてはⅠ音／トニック上の主和音（ド・ミ・ソ）、Ⅳ音／サブドミナント上の下属和音（ファ・ラ・ド）、Ⅴ音／ドミナント上の属和音（ソ・シ・レ）が楽曲の基礎ユニットだと見なされる（「本書の基礎理解のために」を参照）。これらの和音の構成音を示すカッコ内の音を解体し順に並べると、ド・レ・ミ・ファ・ソ・ラ・シの音列が得られる。したがってここでは和音が第一義的存在で、音階は和音からの結果として導き出されることになる。このように、歴史的推移とは真逆のパースペクティヴが成立したわけだが、ともあれここまで和音重視の音楽観が台頭し、実際和音こそが楽曲成立のための欠くべからざる第一要件という見方がある以上、「音楽と自然」を考えるときに、和音の存在にも考察が付されるべきであろう。

　元来、和音の素地とみなされた諸音程の堆積関係において、その堆積の間で構成される諸音程が協和か不協和かということが西洋音楽の構造においては重要視された。そしてこの協和／不協和という概念は西洋では長らくモノコルドの分割する数比によって考察されていたものであり、しかもその協和／不協和の区別は時代や地域などによって変化したものであった。簡単に言えば、もとはオクターヴ・5度・4度しか協和音程と認められていなかったものが、後に3度と6度が追加されることになった。こうした追加は、協和音程が絶対的に自然なものであればありえない話であり、つまり"協和"の概念にも人間の恣意的な思惟が介在した／しているということである。

　そして18世紀の近代科学の時代を迎える中で、ラモーは協和和音は倍音現象によって裏付けを得たと捉えた。しかし、それはラモーの

早計によるものだったと断ぜざるをえない。まず短三和音の根拠と思われた下方倍音列はこの世に存在しないことが（ラモーにとって皮肉なことに）科学によって証明された。また確かに上方倍音列からは長三和音が導出されるように思われるが、しかし上方倍音と長三和音はイコールではなく、あくまでも近似的な関係にあると認めるべきである。

　現在でも上方倍音をもってして西洋音楽の基礎とするような言説が散見されるが、その認識は正しくないことが譜例㊳から理解されよう。上方倍音列そのものは紛れもなく自然現象と言えよう。しかし長三和音が上方倍音と同一でない以上、長三和音を自然の産物ということはできない（もし上方倍音現象を音楽制作の源とするのであれば、20世紀のスペクトル楽派の創作活動の方がよほど実直に科学的成果を適用しているはずである）。音階と同じく、自然はド・ミ・ソの和音を作らない。どこかの人里離れた緑深き大自然や秘境で、ド・ミ・ソの長三和

譜例㊳

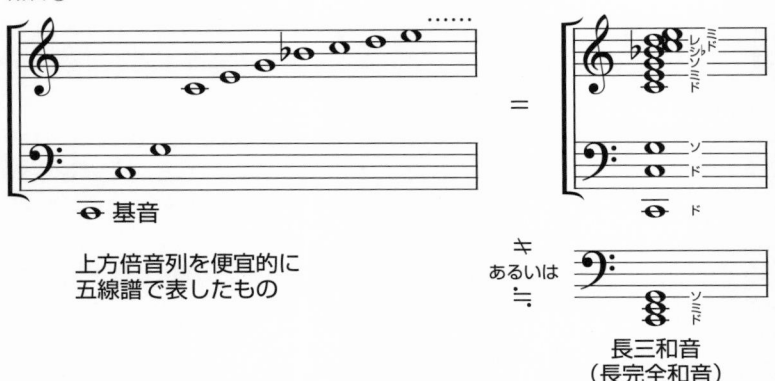

基音

上方倍音列を便宜的に
五線譜で表したもの

＝

あるいは
＝

長三和音
（長完全和音）

このように、上方倍音のあり方は左図のようであり、ここから"自然にあるがままに"和音を導き出すのであれば右上のようになるはずであって、右下のようにはならない。右下の長三和音の3音だけが導き出された姿は人間が手を加えなければ決して現れない。人為的な介入がなければ、西洋音楽の根幹ともいうべきド・ミ・ソの長三和音は倍音現象から出現しえない。

音は人間に発見されるのを待っていたわけではない。和音もやはり人工物である。

（5）音楽と自然──総括

　音階も、和音も、調性も、自然の直接の産物ではないことを確認してきた。確かに歴代の著名な作曲家は自然を模倣し、自然を志向しながら作曲活動を行ったことは事実である。例えば西洋音楽には標題音楽というジャンルがあり、ヴィヴァルディの《四季》やベートーヴェンの《田園交響曲》など自然描写そのものを志向した楽曲は多数存在する。しかしそうした作品において、彼らの楽曲の素地であり土台である音階や和音は紛れもなく人工物である。本書の読者は、西洋音楽がそもそも古代ギリシャの時代から音階の設定にどれだけ思考を働かせ、そして16〜17世紀に「現代の調性」が明確な姿を整えるようになるまでに、どれだけの人間の思惟が絡んできたかを見てきたはずである。西洋音楽は、人間の知的営為が長年の時間の中で、歴史的、文化的、民族的、経済的、宗教的等に構築してきた人間の所産である。
　この点を確認することはけっして小さなことではなく、素朴な「音楽＝自然」観には真摯な反省が求められるはずであることが理解されよう。しかし音楽の自然面を完全に無視するのもバランスを欠いた見方であろう。そもそも音楽が成立するためには、確かに人の手によって調整された「楽音」が必要だが、その「楽音」が生み出されるためには自然界の「音」がまた必要とされるからである。これは逆に20世紀の一部の前衛音楽家が、西洋音楽はあまりにも音に手を加え過ぎ、そしてあまりにも組織化され体系化され過ぎた構造になっていることを批判し、「音そのものに還れ」という意識を強く訴えたことも、その裏返しと捉えられないこともない（例えばジョン・ケージ Cage, John. 1912-92 など）。自然の音なくして、音楽が生ずることはない。こうした点も踏まえて、音楽の二元性に関して冷静かつ的確な考察を残したのがレヴィ＝ストロース（Lévi-Strauss, Claude. 1908-2009）である。以下は『生のものと火を通したもの』からの引用である。

音楽は二つの格子を使う。ひとつは生理的であって、それゆえ自然のものである。それが存在するのは、音楽が有機的なリズムを利用することによるからであり、また、不連続を意味あるものにする。（中略）もうひとつの格子は文化的である。それは音楽で使われる音の階梯であり、音の数と隔たりは文化によって異なる。（中略）

　今日の音楽界における思想は、はっきりとであれ暗黙のうちにであれ、音階を形づくる音のあいだにあるとされる関係の体系に、客観的に正当化できる自然の基盤があるとする仮定を否定している。（中略）さまざまなタイプの音階が音の連続に切れ目を入れると、音と音のあいだに序列のある関係が出現する。この関係は自然が課すのではない。というのは、どの音階を見ても、その物理的特性の数と複雑さが、個々の体系が必要な関与特徴を作るために選び取る特性をそうとうに上回っているからである。とはいえ、あらゆる音韻体系がそうであるように、旋律や調（多調であろうと無調であろうと）の体系もすべて、生理的・物理的諸特性に基礎をおいていることには変わりないのであり、旋律や調の体系は、たぶん無限に入手可能な特性の中からそのいくつかを取り出して、さまざまな意味の識別に使うコードを作るために、それらの特性にふさわしい対立と組合せを活用していることにも変わりはない。絵画と同様に、音楽の背後には、感覚的経験の自然の組織がある。だからといって音楽が自然の組織の支配下にあるというわけではない。（レヴィ＝ストロース：26-27、33-34）

　本書の末尾に至って、今一度人類学の領域からの音楽への視点を確認することになった。この引用全般から、音楽が文化によって異なり、また旋法と調の音楽には違いがあることが指摘されており、音楽の複数性に意識的であることが明瞭である。

　さらに、ここでは注目に値する重要な論点がいくつかちりばめられている。音の諸関係は自然によって規定されるものでないことが明言される一方で、本書で扱うことのできなかったリズムの問題等にも言

及されている。それは本書の限界として受け止めるとして、上記引用をごく端的にまとめると、音楽は自然あるいは自然の組織に基礎を置きながら、そのうえで文化的活動を行った所産だということができるであろう。だからこそ、音楽の姿は文化や民族によって異なるのであり、複数であるのだ。

　こうした中で西洋音楽は独自で複雑かつ錯綜した文化的歴史を重ね、自らの姿を表出してきた。本書では特に1600年以降の西洋音楽のあり方に焦点を当て、そこでの音階や和音、調や調性、そして和声が、いかに人知やその選択行為によって成立してきたのかを見てきた。レヴィ゠ストロースの上記引用は音楽を考える際に、自然の要素と人間の知性の双方に目を向けるべきことに注意を促している点で傾聴に値し、極めて重要である。

　以上を踏まえ、当面の結論としては以下のように言えるであろう。西洋音楽は自然と人為、必然と偶然、理解と誤解、共感と反発、論理と非論理などといったさまざまな要素が、互いに溶け合い、混ざり合って、それらが見分けのつかなくなるほど渾然一体となってしまったアマルガム／合金のようなものとして、われわれの前にある。そして、これほどまでにわれわれの生活の中で馴染みとなったものもむしろ珍しいであろう。本書でも見たように、このアマルガムの理解のためには音楽を音現象として捉える姿勢だけでは不十分で、さらにさまざまな領域を巻き込んでのアプローチが不可欠とされる。近年の言い方を用いれば学際的、領域横断的な研究も必要ということができようか。そして本書では網羅できなかった論点も多い。したがって、いずれにせよ、西洋音楽の正体の解明という課題はまだまだ道半ばだと言わざるをえない。

あとがき

「西洋音楽の正体に迫る」とは、われながら無謀な挑戦をしたものだと、今さらながら思わざるをえない。賢くなれ、表面的にものごとを見るな、奥深くへと切り込め、と少なくとも学問の世界では称揚されるのに、しかしなぜ音楽を前にすると途端に思考停止の状態になってしまうのか。この自戒の念こそが筆者を音楽学へと向かわせたものであり、また本書執筆の動機でもある。

　調性・和声を対象としながらも、20世紀初頭に大きな業績を残したシェンカー理論にまったく言及できなかったのは紙幅の都合上とはいえ残念である。また本書の目論見としては調性や和声こそが西洋音楽の一大特徴であり、ここを焦点化することで西洋音楽の理解を深めることができるというものであるが、しかしこれは調性・和声だけで西洋音楽の把握に十分だという意味では決してない。西洋という枠にかぎってみても、この中のさまざまな言語の文献を渡り歩けなければならない。さらに音楽にはじつにさまざまな要素が関係しているものであり、ざっと挙げるだけでも、音色、音量、リズム、耳と聴覚、脳における知覚、認知心理学、音響物理学、言語や他の芸術との関係など、考察の対象としなければならないものは多い。音楽の正体に迫る道はまだまだ課題山積なのだ。

　そして、他でもない調性・和声の領域の内部でも近年新たな視角が開けてきたことを紹介して本書を閉じることにしたい。

　これは20世紀末から和声研究の一つの大きな動向として現れたもので、通称"ネオ・リーマン理論"として知られている。ごく簡単な説明に留めるが、この理論は図1にあるような「音系網Tonnetz」（ホスティンスキー〔Hostinský, Ottakar. 1847-1910〕によって考案され、フーゴー・リーマンが自著に大々的に取り入れた）を基盤としている。例えば、中心に丸印の付されたCの右側の三角形は「C-es-g」つま

り「ド・ミ♭・ソ」の短三和音と、「C−e−g」つまり「ド・ミ・ソ」の長三和音が配されている音が確認されるだろう。つまりこの「音系網」は長・短三和音の配置が隙間なく網目状になされており、このように諸和音間の関係性を見るパースペクティヴがすでに20世紀初頭に提供されていた。

　ここに20世紀後半になって増三和音というアイディアを加味することによってさらなる組織化を果たし、このスキームによって音楽体系を位置づけ、説明しようとしたのがネオ・リーマン理論である。図2はこの理論の唱道者の一人であるリチャード・コーン（Cohn, Richard）の著作からの引用だが、増三和音は例えば右側の円形の図

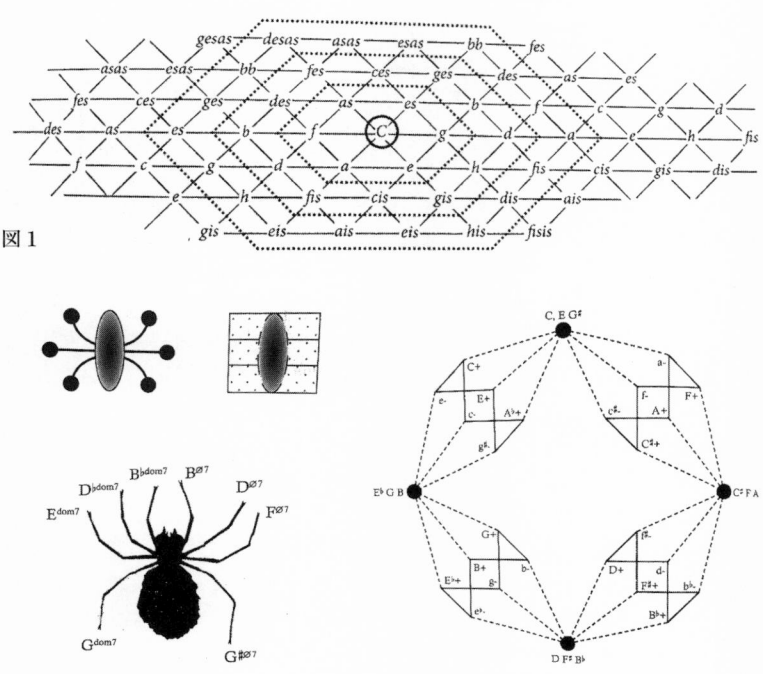

図1

図2

の頂点に「C.E.G#」つまり「ド・ミ・ソ#」とあるところからも確認されるだろう（円の外周の●の箇所はすべて増三和音である）。図２の中にあるものはすべて「音系網」を元に考案されたものだが、この説明にはさらに多大な字数を要するのでこれ以上は立ち入らない。

　ただし、これらの図を目にするとこの理論が何か奇抜さを衒（てら）ったものなのかと受け止めてしまいそうだが、しかしこのネオ・リーマン理論の内部論理というのはいたって首尾一貫しており、特に本書でも言及したロマン派以降の半音階的和声進行に関してきわめて手際よく説明することができるというアドバンテージを有する。古典的調性の見立てとは相容れない構成のこのネオ・リーマン理論は、その登場時にはかなり根強い批判もあったということだが、しかし現在では西洋音楽研究において一定の市民権を得たように見受けられる。

　このように、和声・調性音楽は近過去において予想し得なかった展開を示しており、その懐の広さに改めて驚かざるを得ない。西洋音楽の構造的理解ということで言えば、その道のりはさらに延びたという言い方もできるであろう。

　最後に謝辞を記しておきたい。本書の企画は講談社学芸クリエイトの林辺光慶氏が筆者に連絡を取られたことから始まった。ラモー『和声論』の拙訳を書店で手に取られた林辺氏は、eメール以外SNSなどの手段に一切関与していない筆者に対して、筆者の非常勤の勤務先である大学宛てに書面をしたためられた。当初、氏から提案いただいたのはラモーの入門書であったが、その入門書はすでに別の本にまとめる予定だったので、音楽関係の別の方向性を模索することとした。執筆開始と同時におよそ月１回のミーティングを重ね、コロナ禍で中断せざるを得なかった間はメールでやり取りを重ねた。このように本書は林辺氏の高いプロフェッショナリズムと、深い見識に支えられたアドヴァイスがなければ決して結実することはなかった。厚く御礼申し上げる次第である。

　西洋音楽を扱う著作である以上、多数の譜例や図版を使わざるを得ず、この面からして本書も著者一人の力で負えるものではまったくなかった。レイアウトを含めこれらの作成と処理に多くの方々が尽力さ

れた。特に著者からの楽譜や図版への再三の追加や変更に根気よく対応してくださった専門スタッフや、筆者の注意の及ばなかった細かな点まで指摘してくださった校閲部の方々にはふさわしい感謝の言葉を見つけることもできない。また他にも本書成立は多くの方々の善意に支えられた。本来であればすべての方々について明記すべきであるが、紙数もつき、また本稿を書き終えた現在の筆者の疲弊した頭ではどうしても遺漏を避けられないことを危惧する。ともかくも本書はこうしたすべての方々のお力添えがなければ決して世に出ることはなかった。本書を終えるにあたり、そのすべての方々に深く御礼を申し上げたい。

本書の基礎理解のために

　西洋音楽の作曲的、理論的、構造的理解のためには知識と経験が不可欠であり、その習得には相応の時間も必要とされる。したがってこの点の網羅的な理解のためには楽典や作曲の専門書に当たることが必要だが、次頁以下では本書の内容のフォローのためのごく基礎的な知識を提示する。具体的には音階、音程、和音、そして調の基本的理解と概要である（注：ただし以下に示すのは現代での用例をごく簡略に示したものであり、普遍的なものであると捉えられるべきではない）。

○音階について

　本書でよく引き合いに出される音階を大譜表（ヘ音記号とト音記号による譜面）にまとめる。ここではドを起点・終点／主音としたハ長調／C-durの音階をもって代表例とする。諸音間の四角カギ括弧（⌐）は全音を、三角カギ括弧（⌃）は半音を示す。音名はイタリア式、日本式、ドイツ式を付し、Ⅰを主音とした際の他の諸音の名称を下段に示す。

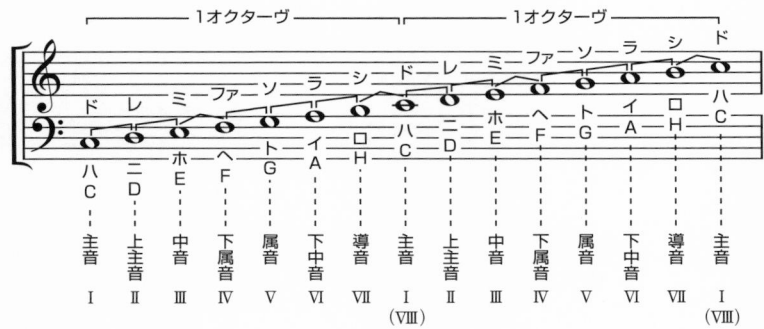

○音程について

　音程は基本的に、ドのⅠを起点として、上掲の音階の譜例のローマ数字に対応していると捉えることができる。つまりドと同じドの関係はⅠなので1度、ドとレの関係はⅡなので2度である。これらの音程にはさらに、「完全」と「長・短」、そして「増・減」の形容辞が付される。これらの形容辞の使用には時代や文化圏によって差異があるが、現代での慣例は次頁表のように捉えられる。基本的に「完全」という形容辞は1、4、5度に、「長・短」は2、3、6、7度に付され、さらに「増・減」が追加される。

〇和音について

　和音の基本的構造の捉え方には2種ある。前頁の完全5度音程を2つの3度で分割したもの、あるいは3度の音程を堆積させて5度を形成するものである。いずれにせよ、楽譜上で捉えると例えば以下のようになる。

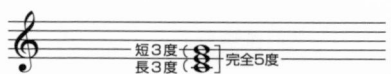

　このように3つの音を3度間隔で配置したものが和音の基本構造だが、和音のあり方にはさらに多数の種々のものがある。本書の理解のために重要な和音には以下のものがある。

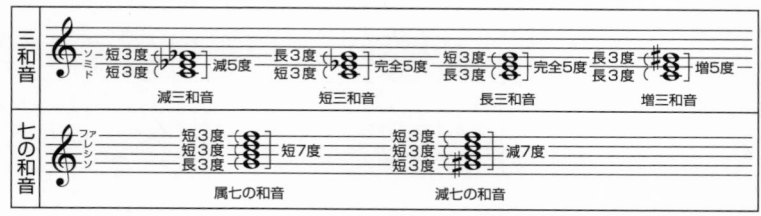

　これらの和音の最低音／根音の位置が、222頁の「音階について」の譜例の特にⅠ、Ⅳ、Ⅴの各音に該当するとき、それぞれ「主和音」「下属和音」「属和音」と呼ばれる。これらの3つの和音は現代の西洋音楽（「機能和声」の音楽として捉えられるもの）において特に重要な和音とされるものである。

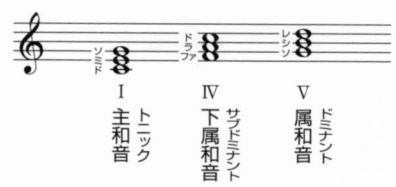

○調について

　以上が音階、音程、和音についての概略である。そして、本書内で詳述したように、現在の西洋音楽は12の長調と、12の短調を活動の場としている。12である理由は、1オクターヴの音程幅が12の半音で分割されていることによる。上記譜例（224頁）ではドを主音（Ⅰ）としたハ長調／C-durだけを例示したが、この主音（Ⅰ）に相当する音をこれらの12の音に設定することが可能であり、そしてそのそれぞれが長調と短調で使用されることができる（簡潔さのために異名同音で表記されうる調は以下では省略する）。

［長調の主和音（和音はすべて長三和音）］

Ⅰ	Ⅰ	Ⅰ	Ⅰ	Ⅰ	Ⅰ	Ⅰ	Ⅰ	Ⅰ	Ⅰ	Ⅰ	Ⅰ
1	2	3	4	5	6	7	8	9	10	11	12
ハ長調	変ニ長調	ニ長調	変ホ長調	ホ長調	ヘ長調	嬰ヘ長調	ト長調	変イ長調	イ長調	変ロ長調	ロ長調
C-dur	Des-dur	D-dur	Es-dur	E-dur	F-dur	Fis-dur	G-dur	As-dur	A-dur	B-dur	H-dur

［短調の主和音（和音はすべて短三和音）］

Ⅰ	Ⅰ	Ⅰ	Ⅰ	Ⅰ	Ⅰ	Ⅰ	Ⅰ	Ⅰ	Ⅰ	Ⅰ	Ⅰ
1	2	3	4	5	6	7	8	9	10	11	12
ハ短調	嬰ハ短調	ニ短調	変ホ短調	ホ短調	ヘ短調	嬰ヘ短調	ト短調	嬰ト短調	イ短調	変ロ短調	ロ短調
c-moll	cis-moll	d-moll	es-moll	e-moll	f-moll	fis-moll	g-moll	gis-moll	a-moll	b-moll	h-moll

本書で言及した主な音楽家・理論家など

【古代】
ピュタゴラス（c.前582 – 497）
プラトン（前427 – 347）
アリストテレス（前384 – 322）
ボエティウス（c.480 – c.524）

【10〜13世紀】
グイド・ダレッツォ（991 – c.1033）
レオニヌス（? – 1201）
ペロティヌス（c.1160 – c.1230）
ガルランディア、ヨハネス・デ（c.1270 – 1320）
ランベルトゥス（fl.c.1270）

【14〜15世紀】
ペトルス・ディクトゥス・パルマ・オキオーザ（怠惰な手のペトルス、14世紀）
デュファイ、ギヨーム（c.1397 – 1474）
オケゲム、ヨハンネス（1410 – 1497）
グラレアーヌス、ヘンリクス（1488 – 1563）
ウィラールト、アドリアン（c.1490 – 1562）

【16〜17世紀】
ローレ、チプリアーノ・デ（c.1515 – 1565）
ザルリーノ（1517 – 1590）
パレストリーナ（1525 – 1594）
ル・ジュヌ、クロード（c.1530 – 1600）
ポンティオ（1532 – 1596）
アルトゥージ、ジョヴァンニ・マリーア（1540 – 1613）
アヴィアニウス（c.1555 – 1617）
カルヴィジウス（1556 – 1615）
ヴィアダーナ（1564 – 1645）
モンテヴェルディ、クラウディオ（1567 – 1643）
ハルニシュ（c.1568 – 1623）
バンキエーリ、アドリアーノ（1568 – 1634）

モンテヴェルディ、ジュリオ・チェーザレ（1573 – c.1630）

リッピウス（1585 – 1612）

オザナン、ジャック（1640 – 1717）

【17～18世紀】

フィッシャー（1656 – 1746）

フックス、ヨハン・ヨーゼフ（1660 – 1741）

マッテゾン（1681 – 1764）

ラモー、ジャン＝フィリップ（1683 – 1764）

ヴァルター、ゴットフリート（1684 – 1748）

バッハ（1685 – 1750）

カンピヨン、フランソワ（1686 – 1747）

ダランベール（1717 – 1783）

アルブレヒツベルガー（1736 – 1809）

ベートーヴェン（1770 – 1827）

ショロン、アレクサンドル＝エティエンヌ（1771 – 1834）

カスティル＝ブラーズ（1784 – 1857）

フェティス（1784 – 1871）

イエレンスペルガー（1799 – 1831）

ベルリオーズ（1803 – 1869）

シューマン（1810 – 1856）

リスト（1811 – 1886）

ワーグナー（1813 – 1883）

ヘルムホルツ（1821 – 1894）

【19～21世紀】

滝村小太郎（1839 – 1912）

リーマン、フーゴー（1849 – 1919）

シュトラウス、リヒャルト（1864 – 1949）

シャーロウ（1873 – 1961）

シェーンベルク（1874 – 1951）

ストラヴィンスキー（1882 – 1971）

ハウアー、ヨーゼフ・マティアス（1883 – 1959）

イェッペセン（1892 – 1974）

ウィレー、バジル（1897 – 1978）

グラウト、ドナルド・ジェイ（1902 – 1987）
バーンスタイン（1918 – 1990）
パリスカ、クロード・ヴィクター（1921 – 2001）
ダールハウス（1928 – 1989）
パワーズ、ハロルド（1928 – 2007）
エーコ、ウンベルト（1932 – 2016）
ミヒェルス、ウルリヒ（1938 –　）
ゲイ、ジェラール（1945 – ）
マクレアリ、スーザン（1946 –　）
ステブリン、リタ（1951 – 2019）
フラー、サラ（no info.）
ハイアー、ブライアン（no info.）
カッロッツォ、マリオ（1961 –　）
チマガッリ、クリスティーナ（1961 –　）
ジャンス、マークス（1972 – 2010）

注

（1） 対位法とは複数の旋律線をある規則体系に従って組み合わせる方法のこと。その由来や語源等は本書169頁を参照のこと。

（2） このソ・シ・レ・ファの和音にはこれ以外にも不協和の説明がなされることは、本書3章でも扱われる。

（3） モテットは中世、ルネサンス、バロック期にかけての多声音楽における最重要分野の一つ。元は典礼音楽であったが、すぐに世俗音楽でも継承・発展されたジャンル。

（4） 現在、和声理論や和声学に通じたものであれば和音のあり方をⅠ・Ⅱ・Ⅲなどのローマ数字で把握、確認することが常道だが、しかしラモーをはじめ18世紀初頭のフランスではこうした表記の仕方はまったく見られず、ローマ数字式表記は、18世紀後半のドイツに端を発するとされる（Cf. Damschroder）。

（5） 和声学に親しんだ読者であれば、この簡潔な譜例の中でも「共通音の保留」や「対斜の禁則」など、言及されるべき重要な点がいくつかあることに気が付くであろうが、ここではそれらの論点をすべて扱うことが目的ではないので、確認を期したい方や、興味を持たれた方は『和声──理論と実習』をはじめ、専門書で確認されたい。

（6） これは鍵盤楽器ではよく使われるバスラインの手法で、ドメニコ・アルベルティ（c.1710–1740）の名にちなんで「アルベルティ・バス」とも呼ばれる。

（7） ここでのオルガヌムは、グレゴリア聖歌にそれと同時に歌われる別の旋律を付け加えた中世多声音楽の一つのタイプのこと。

（8） 例えばダールハウスはその後のクラウズラの注目すべき使用法をいくつか挙げているが、一例を挙げるならばザルリーノの次の世代で活躍したドイツの音楽理論家ゼトゥス・カルビジウスの著作に "clausura primaria／第一クラウズラ" "clausura secundaria／第二クラウズラ" といった用語とともに、"clausura peregrina（「さまよう／彷徨するクラウズラ」といった意）" という表現が見られることを指摘し、この「さまようクラウズラ」が任意の旋法から別の旋法への移行を示していた可能性を示唆している。（Dahlhaus：213–214）

（9） Cf. Dahlhaus 1990：111, 135.

（10） 筆者はこの怠惰な手のペトルスによる『計量歌曲提要』のテクストには、参考文献の［Petrus］に表記したwww.にあるRob C.Wegmanよる英訳付きの対訳版を参照した。以下、本書におけるこのテクストの引用はこの対訳版の

頁数を示す。

(11) 通奏低音の技法とオクターヴの規則に関しては本書内でまた扱われる。第6章参照。

(12) ただしdiesisという語は、「半音よりも小さい音程全て」という意味で使用されていたケースなどもあり、多義的に使用されていた。

(13) この図は、「24の長・短調」の一覧としての初出として本書の後半で着目するオザナンの『数学辞典』(Ozanam) より掲載した。

(14) その後、15世紀後半に歌詞の末尾の"Sancte Johannes"(JはIと同一視されていた)の頭文字をとってSiが追加され、Doが16世紀前半にUtに取って代わったという歴史的経緯がある。
　　またこの《Ut queant laxis》にまつわる興味深いエピソードに触れておこう。これらの音名と歌詞にはさまざまな隠された意味があるということである。例えばUt、Re、Sol、Ioはresolutio("溶解"と"復元"を意味する、中世の錬金術におけるキーワードの一つ)のアナグラムであったり、また十字の形にこれらの歌詞を配すると、「ALFA」や「Omega」の「O」、「IONAS」(預言者ヨナ)等の語句が現れ、またMiのMは数字で最大の1000、iは同じく最小の1を表すので、大宇宙と小宇宙の凝縮を表すという。このように音階の音名には秘教的な教義が関係していた可能性が指摘されている。詳細はカッロッツォ　1巻：78。

(15) 付言しておけばここでのCの音高の明示が後のハ音記号に、Fの音高の明示が後のヘ音記号へとつながっていったとされる。

(16) ただしこうした音階のあり方を示すソルミゼーション一般は当然、歌い手たちの学習や実践のためにとどまらず、「作曲を学ぶ者たちにとって必要とされた」(Geay：81)知識でもあったことにも留意されるべきであろう。

(17) 付言しておけば、ここにドイツ音名でシの♭に「b」、シの♮に「h」があてがわれるゆえんがあるとされている。

(18) ピュタゴラス(派)とザルリーノの数秘主義については別著で詳述したので以下を参照。[伊藤2020：26-46]

(19) 滝村小太郎については以下の文献が参考になる。藤原義久、森節子、長谷川翔子「滝村小太郎の生涯と楽語創成　原資料による西洋音楽受容史の一考察」音楽図書館協議会編『音楽情報と図書館』、大空社、1995、pp.161-204.

(20) この際、5度(2/3)と4度(3/4)の差としての全音(2/3÷3/4=8/9)という音程が認識されていたことはすでに"ピュタゴラス伝説"の叙述の中で確認される。

(21) 例えば、秋山邦晴『昭和の作曲家たち――太平洋戦争と音楽』みすず書房、2003。戸ノ下達也・長木誠司『総力戦と音楽文化――音と声の戦争』青弓社、2008など。

(22) このクロード・ル・ジュヌの《ドデカコルドン》については、この原稿を執筆中に私信を交わしていた現モスクワ音楽院歴史・理論学科グリゴリー・ルィジョフ教授より教示を受け、教授自身の論文も含めさまざまな情報を得た。特記して感謝の意を示したい。

(23) ド・ブロサールの『音楽事典』は西洋音楽史上でも極めて重要な書籍だが、多くの研究書・論文でその出版は1703年と記載されている。しかし筆者がペテルブルク音楽院に短期留学した際、指導教官のイワン・ローザノフ教授から同事典の1701年版がペテルブルク国立図書館に所蔵であると教示された。残念ながら筆者の留学中に現物の閲覧許可は下りなかったが、ローザノフ教授は同事典に関する論文を共著の形で*Early Music*誌に発表している。Cf. Panov, Alexei and Rosanoff, Ivan. Sébastian de Brossard's Dictionnaire of 1701 : a comparative analusis of the complete copy. *Early Music*. August, 2015. pp.417-430.

(24) このように主和音、属和音等にはそれぞれの"役割／機能"があるとする見方は、後に「機能和声」の名で呼ばれることになる。こうした「機能和声的」音楽観はラモーの諸著作にすでに確認されるが、「機能和声」という名称自体はフーゴー・リーマン（Riemann, Hugo. 1849–1919）の『簡略和声教程*Vereinfachte Harmonielehre*』（1893）をもって初出とされる。

(25) コール・ポーター（Poter, Cole. 1891–1964）はアメリカの作曲家・作詞家。映画音楽やミュージカルの分野で数多くのスタンダード・ナンバーを残す。代表作に《Anytnihg goes》（1934）などがある。

(26) この点は本書の続く「音楽と自然」の論点ともかかわるが、ハイアーは調性音楽は理論的な構築物であるとともに、イデオロギー的構築物an ideological as well as a theoretical constructでもあると強調している。Cf.［Hyer：746-7］

(27) ただし、このザルリーノとラモーの事例の対照にはさらに微妙で細かい論点も絡んでくる（例えばザルリーノには確かに"和音の転回"の認識はないが、しかし"音程の転回"〔例えば"４度は５度、３度は６度の転回"〕といった論旨は確かに確認され、丁寧な検討と考察が必要な局面でもある）。したがって詳しい議論については［伊藤2020］を参照されたい。

(28) 近年では以下の著作が数字付き低音を大々的に採用し、教育現場で使用されている。林達也『新しい和声——理論と聴感覚の統合』アルテスパブリッシング、2015。

(29) 複数の研究書ではこのヴィアダーナの作品集が数字的低音の最初の例と記載されているが、しかし通奏低音に関するもっとも信頼のおける研究書ではそれは正しくないと明記されている（Cf.［Arnold：２〜５］）。また同書では数字付き低音と通奏低音というものは、重なり合うところが多いものの、決

して同一視されるべきではない旨も強調されている。

(30)　以下のドイツ圏における和音の動向に関しては［Lester 1990］に詳しい。

(31)　この点は［伊藤2020］を参照のこと。

参考資料 (本書に関係する重要文献のみ)

〈本書における略記〉

Albrechtsberger, Johann Georg. *Gründliche Anweisung zur Composition : mit deutlichen und ausführlichen Exempeln, zum Selbstunterrichte, erläutert, und mit einem Anhange: Von der Beschaffenheit und Anwendung aller jetzt üblichen musikalischen Instrumente.* Breitkopf, Leipzig. 1790.

Arnold, Franck Thomas. *The Art of Accompaniment from a Thorough-Bass.* 1-st ed. Oxford Univ. Press, 1931. 2-nd ed. in 2 vols. Dover Publications, Inc., 1965.

Artusi, Giovanni Maria. *Artusi, or, Of the Imperfections of Modern Music* (1600). *SR.* p.393-404.

Berlioz, Hector. De Rameau et de quelques uns de ses ouvrage. *Revue et Gazette Musicale de Paris.* Nr.32. Paris. 1842. pp.321-324.

Brossard, Abbé Sébastien de. *Dictionaire de musique.* Paris, 1701, 1703.

Calvisius, Sethus. *Melopoeia sive melodiae condendae ratio.* Erfurt, 1592, 1630.

Campion, François. *Traité d'accompagnement et de composition selon la règle des octaves de musique; Addition au Traité d'accopagnement par la règle d'octave.* Paris. 1716. Reprint; Minkoff. 1976.

Choron, Alexandre-Étienne. «Introduction. Sommaire de L'histoire de la Musique». *Dictionnaire historique des musiciens.* en collaboration avec François-Joseph-Marie Fayolle. Paris. 1810-1811.

Cohn, Richard. *Audacious Euphony: Chromatic Harmony and the Triad's Second Nature.* Oxford Univ. Press. 2012.

Christensen, Thomas. «Règle de l'Octave» in Through-Bass Theory and Practice, *Acta Musicologia.* Vol.64., 1992. pp.91-117

Dahlhaus, Carl. "Tonality". *NG.*

――. *Studies on the Origin of Harmonic Tonality.* translated by Robert O. Gjerdingen. Princeton Univ. Press. 1990.

Damschroder, David. *Thinking about Harmony : Historical Perspectives on Analysis.* Cambridge Univ. Press. 2008.

Descartes, René. *MusicæCompendium.* Trajecti ad Rhenum, Utrecht. 1650.

Fétis, François-Joseph. *Traité complet de la théorie et de la pratique de l'harmonie.* Paris, Schlesinger, 1844.

Fuller, Sarah. Defending the "Dodecachordon": Ideological Currents in Glarean's Modal Theory. *Journal of the American Musicological Society.* Vol.49. No.2, 1996.

pp.191-224.

Geay, Gérard. L'édition de la polyphonie française du 17ᵉ siècle. *TT.*, pp.71-90.

Glareanus, Henricus. *Dodecachordon*. Basel. 1547.

Harnisch, Otto Siegfried. *Artis musicae delineatio*. Frankfurt. 1608.

Hyer, Brian. "Tonality". *WMT.*, pp.726-752.

Jans, Markus. Toward a History of the Origin and Development of the Rule of the Octave. *TT.* pp.119-143.

Le Jeune, Claude. *Dodécacorde contenant douze pseaumes de David mis en musique selon l'ordre des douze modes, approuvez des meilleurs Autheurs anciens et modernes. à 2, 3, 4, 5, 6, 7 voix*. La Rochelle. 1598.

Lester, Joel. *Between Modes and Keys : German Theory 1592-1802*. Pendragon Press. 1990.

——. *Compositional Theory in the Eighteenth Century*. Harvard Univ. Press. 1994.

——. "Rameau and eighteenth-century harmonic theory". *WMT.*, pp.753-777.

Lippius, Johannes. Synopsis musicae novae omnino verae atque methodicae universae. Strasbourg, 1612.

Mattheson, Johann. *Das neu-eröffnete Orchestre*. Hamburg. 1713.

McClary, Susan. "Towards a History of Harmonic Tonality". *TT.* pp.91-117.

Monteverdi, Claudio. 1605. "Claudio Monteverdi's Letter". *SSR.* p.536.

Monteverdi, Giulio Cesare. 1607. "Giulio Cesare Monteverdi's Explanation of the Letter". *SSR.* pp.536-544.

Nettl, Bruno. *The Study of Ethnomusicology*. The Univ. of Illinois Press. 1ˢᵗ ed. 1983. 2ⁿᵈ ed. 2005.

Ozanam, Jacques. *Dictionnaire Mathematique Ou Idée Generale Des Mathematiques: Dans Lequel L'on Trouve, Outre Les Termes de Cette Science, Plusieurs Termes Des Arts & Des Autres Sciences, Avec Des Raisonnemens Qui Conduisent Peu À Peu L'esprit À Une Connoissance Universelle Des Mathematiques*. Paris. 1691.

Palisca, Claude V.. The Artusi-Monteverdi Controversy. *The New Monteverdi Companion*. ed. by Denis Arnold and Nigel Fortune. London : Faber and Faber. 1985. pp.133-66.

Petrus dictus Palma ociosa. *Compendium de discantu mensurabili*. [no info.], 1336. English trans. by Rob C. Wegman ; www.academia.edu/3512869/Petrus_dictus_ Palma_ociosa_Compendium_of_Measurable_Discant_1336_

Powers, Harold. «Mode» *NG2*.

——. «From Psalmody to Tonality» *Tonal Structures in Early Music*. ed. by Cristle

Collins Judd. Garland Publishing, Inc., 1998. pp.275-340.

Rameau, Jean-Phillipe. *Traité de l'Harmonie réduite à ses Principes naturels*, Paris.1722.

Génération harmonique, Paris. 1737.

Rivera, Benito V. The "Isagoge" (1581) of Johannes Avianius: An Early Formulation of Triadic Theory. *Journal of Music Theory*. Vol. 22, No. 1 (Spring, 1978), pp. 43-64.

Shirlaw, Matthew. *The Theory of Harmony*. Novello and Company, Limited. London. 1917. / Da Capo Press. New York. 1969.

Steblin, Rita. *A History of Key Characteristics in the Eighteenth and Early Nineteenth Centuries*. Univ. of Rochester Press. 1st ed. 1981. 2nd ed. 2002.

Wade, Bonnie C. *Music in Japan*. Oxford Univ. Press. 2004.

Zarlino, Gioseffo. 1558. *Le istitutioni harmoniche*. New York: Broude Brothers, 1965a.

――. 1571. *Dimostrationi Harmoniche*. New York: Broude Brothers, 1965b.

イェッペセン、クヌート『イェッペセン　対位法――パレストリーナ様式の歴史と実習』柴田南雄・皆川達夫／訳、音楽之友社、2013。

伊藤友計「西洋音楽理論における「転回」に関する一考察――ザルリーノとラモーの比較対象研究を通じて――」『音楽文化学論集』東京芸術大学音楽研究科文化学専攻博士後期課程論文集、2014、pp.25-33

――『西洋音楽理論にみるラモーの軌跡――数・科学・音楽をめぐる栄光と挫折』音楽之友社、2020。

ウィレー、B『十七世紀の思想的風土』深瀬基寛／訳、創文社、1958。

――（ウィリー、バジル）『十八世紀の自然思想』三田博雄・松本啓・森松健介／訳、みすず書房、1975。

エーコ、ウンベルト『開かれた作品』篠原資明・和田忠彦／訳、青土社、2002。

エス、ドナルド・H・ヴァン『西洋音楽史――音楽様式の遺産』船山信子・寺田由美子・芦川紀子・佐野圭子／訳、新時代社、1986。

カッロッツォ、M／チマガッリ、C.『西洋音楽の歴史』第１～３巻、川西麻理／訳、シーライトパブリッシング、2009～11。

カンピヨン、フランソワ『音楽のオクターヴの規則による伴奏と作曲に関する論考』『音楽を通して世界を考える』土田英三郎ゼミ有志論集編集委員会編、2020。pp.364-391。（[Campion] の邦訳）

グラウト、D・J・／パリスカ、C・V.『新　西洋音楽史』上・中・下巻、音楽之

友社、1998〜2001。

島岡譲・池内友次郎他著『和声——理論と実習』Ⅰ〜Ⅲ、音楽之友社、1964〜
1966。

ダールハウス、カール『音楽史の基礎概念』角倉一朗／訳、白水社、2015。

ダレッツォ、グイド 『ミクロログス（音楽小論）——全訳と解説』中世ルネサン
ス音楽史研究会／訳、春秋社、2018。

ディドロ、ダランベール編『百科全書 序論および代表項目』桑原武夫訳編、岩波
文庫、1971。

デカルト、ルネ 「音楽提要」『デカルト著作集 増補版 4』白水社、2001。
（［Descartes］の邦訳）

ナティエ、ジャン゠ジャック『音楽記号学』足立美比古／訳、春秋社、2005（新
装版）。

バーンスタイン、レナード 『答えのない質問』和田旦／訳、みすず書房、1978。
（DVD［バーンスタイン］の書籍版）

ハンソン、N・R・『科学的発見のパターン』村上陽一郎訳、講談社学術文庫、
1986。

ハント、F. V. 『音の科学文化史——ピュタゴラスからニュートンまで』平松幸三
／訳、海青社、1984。

ファイヤアーベント、P・K・『方法への挑戦——科学的創造と知のアナーキズム』
村上陽一郎・渡辺博／訳、新曜社、1981。

プラトン 『国家』上・下巻、藤沢令夫／訳、岩波文庫、1979。

ヘルムホルツ、ヘルマン・フォン 『音知覚論』安生健／訳、東京、2013。

—— 『音感覚論』辻伸浩／訳、銀河書籍、2014。

マクレアリ、スーザン『フェミニン・エンディング——音楽・ジェンダー・セクシ
ュアリティ』女性と音楽研究フォーラム／訳、新水社、1997。

マッテゾン、ヨハン 『新設のオルケストラ』礒山雅編、山下道子ほか／訳、『季刊
リコーダー』1980№2. pp.11-15、№3. pp.21-27、№4. pp.23-29、1981№1. pp.66-
71。（［Mattheson］の邦訳）

ミヒェルス、U（編）『カラー 図解音楽事典』日本語版監修・角倉一朗、白水社、
1989。

村上陽一郎『新しい科学論——「事実」は理論をたおせるか』講談社ブルーバック
ス、1979。

ラモー、ジャン゠フィリップ 『自然の諸原理に還元された和声論』伊藤友計／訳、
音楽之友社、2018。（［Rameau 1722］の邦訳）

ラング、P・H・『西洋文化と音楽』上・中・下巻、酒井諄・谷村晃・馬淵卯三郎／

監訳、音楽之友社、1975〜1976。

レヴィ゠ストロース、クロード『生のものと火を通したもの──神話論理Ⅰ』早水
　洋太郎／訳、みすず書房、2006。

〈DVD〉

《謎の天才画家　ヒエロニムス・ボス》　監督：ホセ・ルイス・ロペス゠リナレス、
　アルバトロス、2018。

バーンスタイン、レナード『答えのない質問　1973年ハーバード大学での講座と
　実演』ニホンモニター、2005。

モンテヴェルディ　歌劇《オルフェオ》　指揮ニコラウス・アーノンクール、ユニバ
　ーサル・ミュージック、2017。

伊藤友計 (いとう・ともかず)

1973年生まれ。東京外国語大学卒業後、東京藝術大学卒業。
文学博士（東京大学）、音楽学博士（東京藝術大学）。
著書に『西洋音楽理論にみるラモーの軌跡——数・科学・音楽
をめぐる栄光と挫折』（音楽之友社）、訳書に『自然の諸原理に
還元された和声論』（ラモー著、音楽之友社）、「音楽のオクター
ヴの規則による伴奏と作曲による論考」（カンピヨン著、『音
楽を通して世界を考える』所収、東京藝術大学出版会）など。
現在、東京藝術大学、明治大学にて非常勤講師。

西洋音楽の正体
調と和声の不思議を探る

2021年2月10日　第1刷発行
2022年3月2日　第3刷発行

著　者　　伊藤友計
　　　　　©Tomokazu Ito 2021

発行者　　鈴木章一
発行所　　株式会社講談社
　　　　　東京都文京区音羽2丁目12-21　〒112-8001
　　　　　電話（編集）03-3945-4963　（販売）03-5395-4415　（業務）03-5395-3615

装幀者　　奥定泰之

本文データ制作　　講談社デジタル製作

本文印刷　　株式会社新藤慶昌堂

カバー・表紙印刷　　半七写真印刷工業株式会社

製本所　　大口製本印刷株式会社

ISBN978-4-06-522738-1　Printed in Japan
N.D.C.761　238p　19cm

講談社選書メチエの再出発に際して

講談社選書メチエの創刊は冷戦終結後まもない一九九四年のことである。長く続いた東西対立の終わりはついに世界に平和をもたらすかに思われたが、その期待はすぐに裏切られた。超大国による新たな戦争、吹き荒れる民族主義の嵐……世界は向かうべき道を見失った。そのような時代の中で、書物のもたらす知識が一人一人の指針となることを願って、本選書は刊行された。

それから二五年、世界はさらに大きく変わった。特に知識をめぐる環境は世界史的な変化をこうむったとすら言える。インターネットによる情報化革命は、知識の徹底的な民主化を推し進めた。誰もがどこでも自由に知識を入手でき、自由に知識を発信できる。それは、冷戦終結後に抱いた期待を裏切られた私たちのもとに差した一条の光明でもあった。

その光明は今も消え去ってはいない。しかし、私たちは同時に、知識の民主化が知識の失墜をも生み出すという逆説を生きている。堅く揺るぎない知識も消費されるだけの不確かな情報に埋もれることを余儀なくされ、不確かな情報が人々の憎悪をかき立てる時代が今、訪れている。

この不確かな時代、不確かさが憎悪を生み出す時代にあって必要なのは、一人一人が堅く揺るぎない知識を得、生きていくための道標を得ることである。

フランス語の「メチエ」という言葉は、人が生きていくために必要とする職、経験によって身につけられる技術を意味する。選書メチエは、読者が磨き上げられた経験のもとに紡ぎ出される思索に触れ、生きるための技術と知識を手に入れる機会を提供することを目指している。万人にそのような機会が提供されたとき初めて、知識は真に民主化され、憎悪を乗り越える平和への道が拓けると私たちは固く信ずる。

この宣言をもって、講談社選書メチエ再出発の辞とするものである。

二〇一九年二月　　野間省伸